THREAD

만드는 사람

CEO 이연대

특장
메타세쿼이아 나무지만
출근 시엔 씨앗으로 몸을 숨김

CCO 신아람

특장
위급할 때 직각표지에서 빛이 남

Senior Editor 이현구

특장
집과 헬스장과 회사를 잇는
땅굴 보유 중

Editor 정원진

특장
수년 전 귀로 날 수 있는 방법을
터득했지만 비밀을 숨기고 있다

Editor 김혜림

특장
고민할 때 수염을 쓰다듬지만
수염이 없음

Editor 백승민

특장
평소엔 눈을 감고 있다가
흥미로울 때만 눈을 뜸

Designer 권순문

특장
술을 마시면 끝까지 가는 타입
(주량 : 와인 한잔) _ 디자인

Community Mgr 홍성주

특장
가시로 오해 받지만 사실은 털

Community Mgr 권대현

특장
카페가 너무 좋아 사람으로 둔갑해
산에서 내려옴

Community Mgr 구성우

특장
호시탐탐 이야기할 기회를 노림

《스레드》는 북저널리즘 팀이 만드는
종이 뉴스 잡지입니다.
이달에 꼭 알아야 할 비즈니스,
라이프스타일, 글로벌 이슈의 맥락을
해설합니다.

스레드에 수록된 글과 그림을
이용하려면 반드시 저작권자와
㈜스리체어스의 동의를 받아야 합니다.

THREAD ISSUE 16. FOUNDERS

발행일 2023년 9월 1일
등록번호 서울중, 라00778
발행처 ㈜스리체어스
주소 서울시 중구 한강대로 416 13층
홈페이지 www.bookjournalism.com
전화 02 396 6266
이메일 thread@bookjournalism.com

THREAD

목차

 벌써 9월입니다. 《스레드》 16호를 찾아주신 여러분 환영합니다. 이번 호에는 어떤 이야기들이 우리를 기다리고 있을까요?

 ↳ 스레드 16호 표지는 북저널리즘 오디오 콘텐츠 중 하나인 FOUNDERS를 떠올리며 작업해 봤어요! 그리드와 네온 컬러가 만나 마치 비현실적인 미래 도시에 있는 기분이 들지 않나요? 새로운 혁신을 시도하는 사람들을 이번 《스레드》 16호에서 만나 보세요!

 The iPhone Moment _ 13p
혹시 '아이폰 모멘트'라고 들어봤나요? 2007년 스티브 잡스가 손에 작은 아이폰을 들고 나왔을 때 전 세계는 충격에 휩싸였죠. 이후 아이폰은 모두의 일상에 스며들며 세상을 바꾸기 시작합니다. 아이폰 모멘트는 이처럼 특정 기술이 대중에게 인지되기 시작하면서 시장의 패러다임이 바뀌는 순간이라고 해요.

↳ 요즘에도 그런 게 있을까요? 스티브 잡스 이후로 끝난 줄 알았는데……

↳ 에이, 지금도 자신만의 '아이폰 모멘트'를 꿈꾸는 스타트업이 있단 말이에요! 우리 '북저널리즘'처럼 말이죠.

북저널리즘 explained는 세계를 해설합니다. 조각난 뉴스가 아닌 완전한 스토리를 지향해요. 이슈마다 깊이 있는 오디오도 제공합니다. 입체적인 콘텐츠 경험을 통해 지금의 이슈를 감각하고 해석해 보세요. 철저한 선택과 정제를 거친 explained, 여섯 가지 주제를 소개해 드립니다.

트위터 리브랜딩, X는 성공할까? _ 22p

파랑새 아이콘이 그리운 분, 또 계신가요? 적어도 저는 아직 트위터의 새소리에서 벗어나지 못한 것 같아요. X라는 아이콘을 봐도, 파란색 아이콘이 아른거리고요. 제가 아직 일론 머스크의 거대한 X 생태계를 따라잡지 못해서일까요? 트위터가 얼마 전 X로 새 단장을 했죠. 그런데 이 X, 묘하게 옷만 갈아입은 것 같은 느낌이 들어요. 뭐가 어떻게 바뀐 건지, 일론 머스크는 왜 X를 그토록 원하는 건지도 모르겠고요. 그런데 일론 머스크, 의외로 X로 하고 싶은 일이 정말 많습니다. 괴짜 혁신가 일론 머스크의 꿈은 이뤄질 수 있을까요?

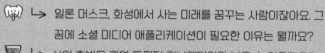

    ↳ 일론 머스크, 화성에서 사는 미래를 꿈꾸는 사람이잖아요. 그 꿈에 소셜 미디어 애플리케이션이 필요한 이유는 뭘까요?

    ↳ X의 출범을 과연 트위터 리브랜딩이라 부를 수 있을까요?

소프트뱅크와 AI 버블 _ 30p

요즘 VC 업계의 뜨거운 감자가 뭔지 아시나요? 바로 AI입니다! 한 스타트업은 직원도, 로드맵도, 제품도 없는데 무려 1억 달러 넘게 투자받기도 했대요. 그저 '생성형 AI 스타트업'이라는 이유만으로요. 일각에서는 이 흐름을 AI 버블이라며 우려하기도 하는데요. AI 버블을

본격적으로 이용하려고 하는 개척자가 여기 있습니다. 바로
소프트뱅크 손정의 회장이에요. 손 회장의 AI 사랑, 진짜 이유는
뭘까요?

↳ 최근 Arm이 기업 공개를 앞두고 있다고 하던데……
↳ 너무 빠르게 쏠리는 투자는 위험해요! 우리는 이미 닷컴버블을
　 지나왔잖아요.

마윈은 왜 농업과 함께 돌아왔나 _ 36p

사라졌던 마윈이 농업 스타트업 투자 소식으로 침묵을 깼습니다.
영어권 이름 '잭 마(Jack Ma)', 중국의 인터넷 시대를 연 이커머스
플랫폼 알리바바의 CEO죠. 평범한 가정에서 태어나 중국의 대표적
부호가 된 그는 모든 중국인들의 영웅이자 롤 모델이었습니다.
중국공산당에 비판적 발언을 한 이후 과징금 철퇴와 함께 잠적한
마윈이 갑자기 농업에 투자하는 이유는 뭘까요? 한때 위대했던
창업자의 발자취를 통해 혁신의 어제와 오늘을 조명합니다.

↳ 중국에선 현금보다 알리페이죠. 마윈의 영향력은 대단해요.
↳ 마윈이 사라진 동안 중국의 다른 빅테크도 몸을 사렸죠.
↳ 틱톡 모회사 바이트댄스에도 당시에 피바람이 불었죠..
　 그런데 요즘은 분위기가 좀 바뀌었다는데요?

스타트업 강국으로 거듭나려는 일본의 실험 _ 44p

세계 경제 규모 3위, 소니와 도요타의 나라 일본. 그런데 '일본
스타트업'이라고 하면 떠오르는 기업이 있으신가요? 일본은 소수의

대기업을 여러 중소기업이 단단히 떠받치고 있는 경제 구조인데요, 이 때문에 대부분의 젊은이들도 대기업이나 공무원 취업을 준비합니다. 그런데 최근 젊은 공무원들의 상당수가 스타트업으로 이직하고 있다고 해요. 대체 일본에서는 무슨 일이 일어나고 있는 걸까요? 스타트업을 새로운 성장 동력으로 삼은 일본은 스타트업 강국으로 다시 태어날 수 있을까요?

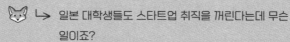 ↳ 일본 대학생들도 스타트업 취직을 꺼린다는데 무슨 일이죠?

↳ 스타트업으로 이직한 사람들은 '사회적 가치'를 위해 일하고 싶어 했대요.

 세컨더리와 스타트업 생태계 _ 52p
금리 인상의 영향으로 투자 시장이 얼어붙었습니다. 요즘 VC의 투자 트렌드는 한마디로 '투자하지 않는 것'입니다. 스타트업은 지분을 헐값에 팔아 혹한기를 버티고 있어요. 그 결과 구주를 거래하는 세컨더리 시장이 뜨고 있습니다. 경기가 안 좋다, 그래서 투자 상황이 안 좋다는 이야기는 기사로 많이 접했을 텐데요. 무슨 말인지 이해하기 어렵지 않았나요? 스타트업 생태계를 둘러싼 지금의 투자 상황을, 경제를 잘 몰라도 이해할 수 있도록 쉽게 설명합니다.

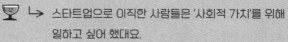 ↳ 예전과 같은 방법으로는 살아남을 수 없겠어요.

↳ 투자 혹한기를 견디기 위해 스타트업은 무엇을 해야 할까요?

길 잃은 혁신의 운동화 _ 58p

운동화가 환경을 구할 수 있다면, 믿으시겠어요? 미국의
친환경 신발 브랜드 올버즈(allbirds)는 탄소를 배출하지 않는
운동화를 혁신의 가치로 내세웠습니다. 한때 실리콘밸리의
테크 거물과 셀럽의 신발로 유명했죠. 아니 그런데 어느
날, 운동화에 구멍이 나고 신발 축이 무너지기 시작했어요.
레깅스는 모양이 온통 망가졌고요. 매출도 추락, 주가도 추락한
올버즈는 지금 길을 잃었습니다. 이들이 놓친 건 무엇일까요?
올버즈의 스토리를 보면, 스타트업 투자 생태계도 보입니다.

 ↳ 요즘은 기후 중립이 쿨한 가치니까, 한번쯤은 신어 보고
싶은데요?

↳ 아디다스와도 콜라보했던 브랜드인데 어쩌다!

이어지는 '톡스' 코너에서는 사물을 다르게 보고, 다르게
생각하고, 세상에 없던 것을 만들어 내는 사람들의 이야기를
담아요. 《스레드》 16호에서는 여성을 위한 스포츠 클래스
기업, 위밋업스포츠의 신혜미 대표를 만나 봤어요.

여자가 운동해야 세상이 바뀐다 _ 65p

여러분은 어떤 운동을 즐기시나요? 축구, 야구, 농구,
요가와 필라테스까지. 최근에는 사람들이 즐기는 스포츠의
종류도 크게 늘었어요. 그런데 여성의 스포츠는 어떨까요?
위밋업스포츠 신혜미 대표는 여성들이 다름 아닌 '팀

스포츠'에서 배제돼 왔다고 지적합니다. 팀 스포츠의 경험은 개인 스포츠와 달라요. 개인은 팀 안에서 서로를 위로하기도 하고, 격려하기도 하죠. 또 때로는 분한 패배의 눈물을 흘리기도 하고요. 이 모든 게 일종의 성장이자 모험이 아닐까요? 신혜미 대표의 이야기를 통해 팀 스포츠가 해결할 수 있는 문제를 짚어 봅니다.

⚠ ↳ 그러고 보니 남자아이들은 쉬는 시간마다 축구를 했었어요!

🌵 ↳ 학교에서밖에 스포츠를 즐기지 못하는 것, 너무 아쉬운 일이에요.

😊 단편 소설 분량의 지식 콘텐츠 '롱리드' 코너도 있어요. 깊이 있는 정보 습득이 가능하고, 내러티브가 풍성해 읽는 재미가 있어요.

🦤 **파카로 세상을 구하다 _ 77p**
노스페이스와 파타고니아, 두 아웃도어 브랜드에게는 공통점이 있습니다. 브랜드의 철학과 진정성을 내세워 세계적인 성공을 거두었다는 것인데요. 파타고니아 창업자는 회사를 개인 소유하며 가치를 지켜 나갔고, 노스페이스의 창업자는 가치에 보다 충실히 복무하기 위해 회사를 떠났습니다. 소비자는 이제 제품의 효용만큼, 기업의 철학과 사회적 책임에 관심을 가지고 있습니다. 도시인들에게 아웃도어 장비와 함께 야생의 전율을 파는 두 기업의 고집스러운 원칙, 궁금하지 않으신가요?

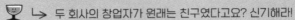 두 회사의 창업자가 원래는 친구였다고요? 신기해라!

기업가의 진정성이라니, 왠지 양립할 수 없는 두 단어 같은데? 바로 읽어 봐야겠어요.

어쩐지 파타고니아를 입으면 괜히 기분이 좋더라구요……

《스레드》 16호에서는 지금까지 소개해 드린 아홉 가지 이야기를 담았어요. 그럼 이제부터 《스레드》를 시작해 볼까요?

이달의 이야기

explained

톡스

롱리드

이달의 이야기에선 한 가지 주제를 깊이 다뤄요.
단순한 사실 전달을 넘어 새로운 관점과 해석을 제시해요.
함께 읽고 생각을 나눠요.

The iPhone Moment

2007년 11월, 스티브 잡스가 아이폰을 처음 대중에 공개하기 전까지만
해도 아이폰이 없어 불편하다고 이야기하는 사람은 전 세계에 단 한
명도 없었습니다. 그러나 지금 우리는 스마트폰 없는 삶을 상상도 할
수 없죠. 아이폰의 등장이야말로 미래를 바꾼 혁명의 순간이었습니다.
0에서 1을 만드는 사람들, 자신만의 '아이폰 모멘트'를 꿈꾸는
창업가들에게 주목해야 하는 이유입니다. __ 신아람 에디터

안녕하세요. 북저널리즘 신아람 CCO입니다.

스티븐 킹의 소설, 좋아하시나요?

저는 무척 좋아합니다. 이름이 낯선 분도 계시겠지만 〈쇼생크
탈출〉, 〈스탠드 바이 미〉 등의 작품명은 익숙하실 거예요. 영화로도
제작돼 대성공을 거두었으니까요. 흔히, 팔리는 소설을 잘 쓰는 작가나
장르 소설의 대가 등으로 평가받는 작가입니다. 그런데 제가 보기엔
그냥 글을 잘 쓰는 사람입니다. 장르를 불문하고, 주제를 불문하고
픽션을 정말 기가 막히게 그려 냅니다. 스티븐 킹의 글이 좋은 이유는
여러 가지가 있을 거예요. 하지만 저에게 그의 글이 왜 좋은지, 가장
큰 이유를 묻는다면 저는 자신 있게 답할 수 있습니다. 스티븐 킹은
사람을 잘 아는 작가이기 때문입니다.

그의 소설을 읽으며 납득할 수 없는 인물을 만난 적은 없습니다.
악인이든 선인이든, 혹은 상상이 빚어낸 무정형의 괴물이라 할지라도
'살아있다'고 느끼게 됩니다. 공포 앞에서, 잔인한 운명 앞에서, 혹은
사랑 앞에서 사람이 어떻게 반응하는지 스티븐 킹은 알고 있습니다.
유려한 글솜씨보다 어쩌면, 사람에 대한 통찰이 스티븐 킹의 가장
큰 재능일지 모르겠습니다. 국내에는 크게 알려지지 않은 단편 소설,
〈해리건 씨의 전화기〉에서도 그런 재능이 빛납니다.

해리건 씨는 통찰력 있는 투자가이지만 늙고 지쳤습니다.
외부 세계와 단절된 외진 마을로 이사 와 노년을 보내고 있죠. 그런
그가 2008년, 아이폰을 선물 받게 됩니다. 텔레비전도, 라디오도
마다하는 해리건 씨도 이 새로운 기계 앞에서는 경탄하게 되죠.
실시간 다우지수를 보여주는 주식 애플리케이션과 오늘의 기사를
무료로 보여주는 《월스트리트저널》 홈페이지를 경험한 순간, 해리건
씨는 회춘이라도 한 듯, 이 새로운 혁신이 몰고 올 변화를 하나하나
짚어냅니다. 모두가 목격했으되 이해하지는 못했던, '아이폰 모멘트'를

이 노쇠한 투자가는 알아봤습니다.

　　그렇겠죠. 아날로그 시대에서 전설적인 투자가로 성공했던
혜안이 어디 갔을 리가요. 해리건 씨는 아이폰 앞에서 흥분과 두려움,
분노와 조바심에 사로잡힙니다. 그리고 결국, 소설 속 '해리건 씨의
새로운 전화기'는 기적을 만들어 냅니다. 판타지 같지만, 상당히
현실적인 이야깁니다. 아이폰은 실제로 세상을 바꿨으니까요. 룰을
새로 쓰고 상식을 뒤집었죠. 정보를 다루는 방법부터 친구를 사귀는
방법까지 모든 것이 달라졌습니다. 2007년 11월, 스티브 잡스는 혁명을
출시했습니다. 그리고 시간이 지나자, 해리건 씨가 이야기한 대로
"사람들이 알아차리기" 시작했습니다.

　알아차린 사람들

마크 저커버그처럼 새로운 연결을 만든 사람도 생겨났고, 제프
베이조스처럼 망할 뻔한 온라인 서점을 일으켜 세워 새로운 유통의
법칙을 만든 사람도 있었죠. 《뉴욕타임스》는 혁신 보고서를 냈고,
서브스택과 같은 기업들이 부상하면서 콘텐츠 비즈니스의 양상도
급변했습니다. 그야말로, '알아차린' 사람들이 새로운 시대를 만들어
나아갔습니다.

　　한국에도 알아차린 사람들이 있었죠. 대표적 인물 중 한 사람이
바로 김범수 카카오 의장일 겁니다. 김범수 의장은 해리건 씨처럼
아이폰 모멘트를 바로 알아본 사람입니다. 북저널리즘의 이연대 대표는
팟캐스트 〈FOUNDERS〉 1화에서 김범수 카카오 전 의장과의 인터뷰
당시를 회상합니다. 스티브 잡스의 아이폰 프레젠테이션을 라이브로
지켜보며 이 대표 자신은 "친구들과 술 마시다가도 급한 업무가
들어오면 간단한 문서 작업은 그 자리에서 바로 처리할 수 있겠다"며

기대했다고 합니다. 그런데 김 의장은 똑같은 발표를 보며 "6개월 후 사람들 손에 아이폰이 들려있다면 무엇을 불편해할지"를 고민했다는 겁니다. 그렇게 탄생한 것이 바로 '카카오톡' 서비스입니다.

카카오톡은 이제 '카카오'라는 플랫폼으로 우리 일상을 떠받치고 있습니다. 카카오라는 기업의 현재는 긍정적으로도, 부정적으로도 평가받지만, 김범수 전 의장은 분명 우리의 삶을 바꾼 인물입니다. 정치도 아니고 전쟁도 아니었습니다. 0에서 1을 만들어 내고자 하는 욕망에 사로잡힌 사람들의 '창업'이, 21세기의 변화를 만드는 단초가 됩니다. 김봉진 전 의장의 '배달의민족'이, 김범석 의장의 '쿠팡'이 그러했습니다.

그들이 바라보는 곳

다만 그들이 만들어 낸 변화의 방향이 늘 좋은 쪽만 가리켰던 것은 아닙니다. 플랫폼 노동자의 권리와 소상공인 생존 문제가 제기됐고, 새벽 배송이라는 혁신 뒤에는 배달 노동자들의 과로가 쌓였습니다. 변화는 새로운 문제도 몰고 옵니다. 그래서 우리는 더더욱 창업가들이 만들고 있는 변화에 주목할 필요가 있습니다. 그것이 유토피아든, 디스토피아든 미래의 큰 틀을 설계하고 있는 사람들이 창업가들이기 때문입니다.

사실 팬데믹이 사실상 끝나고 전 세계에 풀려있던 돈을 각국 정부가 빨아들이기 시작하면서 스타트업의 전성기는 끝난 것이 아니냐는 얘기도 나옵니다. 이미 실리콘밸리의 테크 기업들이 혁신이 아닌 공룡이 된 마당에 아이폰처럼 새로운 무언가가 과연 우리에게 필요한지 되묻는 목소리도 있습니다. 하지만 아이폰은 필요(needs)가 있어 만들어진 것이 아닙니다. 2007년 이전까지 아이폰이 없어 불편하다는 불만을 가진 사람은 지구상에 단 한 명도 존재하지 않았습니다. 창업가들은 그런 존재입니다. 필요를 충족하는 것이 아니라 필요를 만들어 내는 사람들. 그래서 지금처럼 어딘가 막다른 골목에 다다른 듯한 상황에서 창업가들의 비전은 더욱 중요해집니다. 룰을 바꿔 상황을 반전시키는 사람들이니까요. 반전의 계기는 핵융합 발전과 같은 거대 담론일 수도 있고, 탄소 발자국을 남기지 않는 스니커즈일 수도 있습니다. 공통점은, 현재가 아니라 미래에 기반을 둔 도전이라는 점입니다.

경탄의 순간

그래서 이번 달 《스레드》는 창업가들의 이야기와 스타트업 씬의 현재에 관해 깊이 다뤘습니다. 전 세계 경제가 새로운 챕터로 접어들고 있다는 소식이 여기저기서 들려옵니다. 닥쳐올 미래가 지금까지의 세상과는 다를 것이라는 이야기도 이제는 새롭지 않죠. 실제로 그러합니다. 날씨가, 물가가, 취업 시장이 어제와 내일은 분명 다를 것이라고 증명하고 있습니다. 모든 것이 달라지고 있는 지금, 창업가들이 향하는 방향을 바라보면 불확실한 미래의 윤곽이 어느 정도는 보일 겁니다.

페이스북도 아마존도, 카카오도 쿠팡도 더 이상은 혁신이 아니게 된 2023년, 창업가들은 제2의 '아이폰 모멘트'를 만들기 위해 도전하고 있습니다. 창업계의 아이돌이자 통제 불능의 악동인 일론 머스크부터 알리바바의 마윈, 소프트뱅크의 손정의까지 다양한 인물들의 이야기로부터 여러분의 '아이폰 모멘트'를 찾아보시는 것은 어떨까요? 최악의 투자 불황기를 버텨내고 자신만의 혁신에 도전하고 있는 스타트업의 현실을 있는 그대로 들여다보실 수 있는 글도 준비돼 있습니다.

그리고 무엇보다,《스레드》는 없던 것을 만들어 세상을 더 나은 방향으로 이끌고자 하는 사람들의 이야기에도 주목했습니다. 파카로 세상을 구하고 있는 파타고니아의 창업자 이야기, 여성을 팀 스포츠에 끌어들여 세상을 바꾸겠다는 야심에 찬 스타트업의 이야기입니다. 이번 달, 저희가 준비한 소식들로부터 여러분이 경탄의 순간을 찾아내셨으면 합니다. 해리건 씨가 아이폰을 처음 만난 그 순간처럼 말이죠. ☂

explained에선 세계를 해설해요.
조각난 뉴스가 아닌 완전한 스토리를 지향해요.
선택과 정제를 거친 여섯 개 이슈를 오디오로도 경험해 보세요.

일론 머스크의 트위터가 X가 됐다. 새 모양의 트위터 로고는 사라졌고, 트위터의 기존 트윗들은 'X들'이라는 새로운 이름을 얻었다. 모두 일론 머스크의 슈퍼 앱 구상의 일환이다. 일론 머스크의 상상 속 X는 일상에 필요한 모든 서비스를 제공하는 슈퍼 앱이다. 일론 머스크는 X의 화려한 데뷔를 예고하며 이렇게 적었다. "트위터 브랜드, 모든 새에 작별을 고할 것."__ 김혜림 에디터

일론 머스크는 이미 가진 'X'가 많다. 테슬라라는 변화무쌍한 하드웨어와 심리스한 연결을 가능케 하는 스페이스X의 위성들이 그렇다. 페이팔(Paypal)을 만들어 본 경험도 무시할 수 없다. 제품 X의 성공 가능성은 작지 않다. 그렇다면, 브랜드 X는 어떨까? X가 지향하는 가치는 충분히 정립되지도, 그 실체가 분명해지지도 않았다. 새로운 건 희미한데 트위터라는 과거는 무겁다. X에게 트위터라는 ex는 활용할 수 있는 유산도, 미래를 위한 레퍼런스도 아니다. 리브랜딩된 X는 트위터의 중력을 넘어설 수 있을까.

ⓒ사진: lesslemon

일론 머스크의 X 집착

일론 머스크의 X 사랑은 꾸준하고 무거웠다. 일론 머스크의 손을 거쳐 간 제품 대부분에 이 'X'라는 알파벳이 붙었다. 머스크가 창업한 페이팔(Paypal)의 원래 이름은 X.com이었다. 머스크의 뉴스페이스 기업인 '스페이스X', 테슬라의 SUV 차량 모델, 얼마 전 설립한 인공지능 회사 'X.Ai'에도 X가 빠지지 않는다. 그는 아들의 이름을 'X

Æ A-12'라고 쓴다. 이토록 X를 사랑하는 일론 머스크가 트위터의 다음 이름으로 X를 점찍었다. 모든 것을 다 할 수 있는 슈퍼 앱 X가 일론 머스크의 원대한 꿈의 핵심에 있다는 뜻이다. 억만장자의 소망과 욕망을 담은 X는 더 이상 이전과 동일한 형태의 소셜 네트워크가 아닐 것이다.

실체 없는 X

그런데, 슈퍼 앱 X에는 실체가 없다. 모든 슈퍼 앱의 토대는 결제다. 지불에 기반을 두고 수많은 서비스가 연결돼야 한다는 점에서 그렇다. 그러나 《와이어드》의 보도에 따르면 핀테크 전문가들은 머스크의 X가 사용자나 규제 당국의 신뢰를 얻기 어려우리라 예측했다. 슈퍼 앱으로의 전환을 제대로 준비하지 못한 상태에서 브랜드 X가 불쑥 등장한 셈이다. X로의 리브랜딩은 성급했다. 그런데 성급할 만한 이유는 충분하다. 지난 6월 발표된 '브랜드파이낸스'의 조사에 따르면 트위터의 브랜드 가치는 32퍼센트, 브랜드 파워는 11포인트 하락했다. 메타의 '스레드'가 출시되면서 유저 유출은 가속화됐다. X로의 전환 계획은 트위터가 마주한 비즈니스적 위기를 극복하기 위한 선포에 가깝다.

©사진: Kornei

선포는 브랜딩이 될 수 있을까

유사한 형태의 성급한 리브랜딩이 하나 더 있다. 2021년, 페이스북이 회사명을 '메타'로 바꾼 일이다. 사명 변경을 발표하던 당시, CEO인 마크 저커버그는 "시간이 흐를수록 우리가 메타버스 회사로 보이기를 바란다"고 밝혔다. 시간이 해결해 줄 브랜딩이라는 우유부단한 결심을 감추는 건 바뀐 로고와 사명의 화려한 데뷔 무대였다. 막상 사람들이 체감할 수 있는 변화는 크지 않았다. 1500달러에 달하는 '퀘스트2' 헤드셋은 페이스북 정도의 파괴력을 보이지 못했고, 야심차게 론칭한 VR 앱인 '호라이즌 월드'는 직원도 사용하지 않는 퀄리티라는 평을 받으며 20만 명 수준의 유저를 모으는 데 그쳤다.

 위기에서 벗어나려는 방법으로서의 브랜딩은 성급할 수밖에 없어

메타가 된 이유

성급할 수밖에 없었다. 위기 극복이 시급했기 때문이다. 2021년 10월, 페이스북의 전 직원 프랜시스 호건이 페이스북의 내부 정보를 폭로한다. 페이스북이 자사의 플랫폼이 청소년에게 미치는 유해성을 감추고 허위 정보를 통제하지 않았다는 내용이었다. 방송에 출연한 호건은 "페이스북에서는 공공의 이익과 회사의 이익이 반복해 충돌하고 있다"며 목소리를 높였다. 페이스북의 브랜드 가치는 공론장과 만남, 연결이었다. 공공의 가치와 충돌하는 공론장은 성립할 수 없다. 당시 페이스북이 택한 대피처는 메타버스라는 신기술이었다. 물론 성공하지는 못했다. 리브랜딩 1년 후, 메타버스 사업을 총괄하는 리얼리티랩스 부문의 손실은 걷잡을 수 없는 상태였다. 2022년 3분기,

리얼리티랩스의 3분기 매출은 2억 8500만 달러로 전년 동기 대비 49퍼센트 감소했고, 37억 달러의 영업 손실을 기록했다. 메타버스로의 정체성 전환을 외치던 메타는 현재 트위터를 닮은 소셜 미디어로 근근이 생명을 연장하고 있다.

X가 메타와 다르다면

일론 머스크의 계획이 메타와 다르다면, 그것은 X를 향한 머스크의 진심 어린 집착 때문이다. 그간 쌓아 온 머스크의 X 생태계가 슈퍼 앱을 향한 수요를 만들 수 있다. 페이팔을 비즈니스로 성공시킨 머스크는 슈퍼 앱 X를 구축할 수 있는 능력을 갖추고 있다. 이동할 수 있는 소프트웨어에 가까운 테슬라는 자사의 슈퍼 앱을 구동하는 안정적인 하드웨어가 될 가능성이 크다. 위성 인터넷 서비스 스타링크는 그 어디에서도 X가 원활히 작동할 수 있는 튼튼한 토대가 될 수 있다. X.Ai 역시 플랫폼과 적잖은 시너지를 낼 수 있다. 슈퍼 앱 그 자체를 닮은 머스크의 유니버스가 성공적으로 구현된다면 X의 성공 역시 아주 허황된 소리는 아니다. 그런데, 브랜드 X도 지속 가능할까?

브랜딩의 원칙

딜로이트 인사이트는 브랜딩에 있어 고객의 신뢰가 중요하다는 조사 결과를 내놓았다. 브랜드의 신뢰성을 높이 평가하는 고객은 다른 브랜드보다 해당 브랜드 제품을 선택할 확률이 5.4배 높았다. 신뢰받는 브랜드의 핵심 원칙 세 가지는 인간성과 진정성, 투명성이다. 브랜드 X의 경우는 어떨까? 일론 머스크가 트위터를 인수하던 바로 그때로 돌아가 보자. 머스크는 트위터 인수 이유로 모두가 수호하고 보장받아야 하는 "표현의 자유"를 말했다. 트위터가 머스크의 품에 안긴 지 9개월이 돼가는 지금, 그가 말하는 표현의 자유가 트위터에서 정상 작동했다고 믿는 목소리는 크지 않다. 트위터의 미국 광고 수익은 8800만 달러로, 전년 대비 59퍼센트 감소했다. 트위터가 더 이상 편안하고 믿을 수 있는 브랜드가 아니라는 말이다.

리브랜딩의 원칙

브랜딩이 미래를 본다면, 리브랜딩은 과거와 미래를 모두 봐야 한다. 리브랜딩에는 미래를 위한 변화의 필요성과 그동안 쌓아 온 과거의 유산에 대한 존중이 필요하다. 2024년 로고 리브랜딩을 앞둔 '펩시'의 디자이너 마우로 포르치니는 펩시의 원칙을 다음과 같이 정의했다. "(펩시는) 미래 세대와 브랜드 유산을 연결하기 위해 새로운 브랜드 아이덴티티를 디자인했다." 이 경우 펩시에게, 125년이라는 역사와 유산은 그 누구도 대체할 수 없는 강점이자 미래를 정의할 수 있는 든든한 레퍼런스다. 머스크의 X는 리브랜딩의 강점을 충분히 활용하지 못할 공산이 크다. 설립 17년 차에 접어드는 트위터가 쌓아 온 브랜드의 가치는 머스크의 품에 안긴 지 9개월 만에 희미해졌다. 일론 머스크의 X는 트위터의 유산과 가치를 활용하는 리브랜딩이 아닌, 길이 없는 공터에서 시작하는 브랜딩에 가까운 셈이다.

 리브랜딩, 브랜딩과는 강점도 유의해야 할 점도 다르군

IT MATTERS

게다가 트위터라는 기존의 브랜드는 X에게 유산과 레퍼런스가 아닌,

방해물이 될 가능성이 크다. X에게 기존의 트위터 유저는 계륵이다. 놓치기는 아까운 숫자지만, 갖고 있기에는 위험하다. 그들이 X의 가치가 아닌, 트위터의 유산을 믿기 때문이다. 브랜딩의 힘은 수없이 다양한 개인을 '고객'이라는 하나의 이름으로 묶는다는 점에 있다. 이 강점을 잃은 X는 고객을 모으기도, 독립적인 브랜드로서 자립하기도 어렵다.

무엇보다 이 모든 계획이 '일론 머스크'에게서 나왔다는 점에서, X의 실패가 X의 실패에 머물지 않을 수 있다. 그가 그리는 미래가 평범하지도, 가까워 보이지도 않기 때문이다. 머스크는 컴퓨터 칩을 두뇌에 심은 채 화성을 오가는 인류의 미래를 그린다. 그리고 그 모든 비즈니스를 연결하는 경첩이 바로 X다. 즉, X가 짊어진 짐의 무게는 소셜 미디어를 뛰어 넘는다. X는 일론 머스크가 만들고 싶은 미래 전체를 떠받친다. 허술한 경첩은 큰 사고를 부르기 쉽다. X가 실패한 시대에는 모두가 일론 머스크의 미래와 혁신의 가치를 불신할지 모른다. 그런 시대에서 머스크의 계륵은 트위터가 아닌 X 그 자체일수 있다. 위태로운 X의 날갯짓은 생각보다 더 큰 태풍으로 돌아올 수 있다. ⊤

소프트뱅크의 2분기 성적이 발표됐다. 결과는 좋지 않았다. 4조 3900억 원의 손실이 기록됐다. 한편에서는 희망적인 소식도 들렸다. 기술 기업 투자에 집중하는 비전 펀드는 6분기 만에 투자 이익을 기록했다. 1조 4700억 원을 벌었다. 비전 펀드의 주요 투자처는 AI 벤처 기업이었다.
__ 김혜림 에디터

투자 어려움에 직면한 소프트뱅크의 활로는 AI다. 공룡 VC
소프트뱅크는 수백조 원의 돈을 AI 산업에 공격적으로 쏟아붓고 있다.
그를 따라 대부분의 투자가 AI 스타트업에 쏠린다. 일각에서는 AI
기업에 과도하게 몰리는 투자가 닷컴 버블을 연상케 한다고 말한다. AI
버블, 어쩌면 손정의 회장의 전략일 수 있다.

©사진: Sundry Photography

SVF2

한 애널리스트는 손정의 회장의 투자를 다음과 같이 표현했다.
"현실과 상관없이 매우 공격적으로 꿈에 베팅하는 전략." 그런 손
회장에게 실현 가능해 보이는 꿈이 생겼다. 기술과 미래를 내세우는
소프트뱅크비전펀드2(SVF2)다. SVF2는 가까운 기술을 통해 빠르게
성장을 실현하는 투자에 집중한다. 그 중심에는 데이터와 AI가 있다.
2017년부터 2022년 중반까지, 손정의 회장은 AI를 500회 이상
언급했다. 지금껏 손 회장이 AI에 투자한 돈은 182조 원에 달한다.

놓친 흐름

수많은 돈을 쏟아부었지만, 지금까지의 AI 투자 성적은 좋지 않았다.
일단 올해부터 본격적으로 자금 조달에 들어선 생성형 인공지능에
대한 투자가 적었다. 생성형 AI를 다루는 유니콘 기업 중 소프트뱅크가
투자한 곳은 한 곳뿐이다. 그보다 뼈아픈 실수는 엔비디아였다.
2019년, 소프트뱅크는 2017년 매입한 엔비디아의 주식을 매각한다.
소프트뱅크의 매각 이후, 엔비디아의 주가는 열 배 상승했다.
소프트뱅크의 투자 전략에도 의심의 눈초리가 모인다. 소프트뱅크는
자사가 투자한 기업의 90퍼센트가 AI 기술을 활용한다고 밝혔으나
막상 관련 기술을 개발하는 기업에는 제대로 된 투자가 이뤄지지
않았다.

닷아이 버블

지난 1년간 글로벌 VC의 4분의 3이 AI 기업에 투자했다. 이 시장에
돈이 급격히 몰린다. 이익 실현은 다른 얘기다. 미래 기술을 활용하는
기업의 진면모는 이른 시일 안에 결정되지 않는다. 시장에 진입하기
시작한 AI 기업들은 정해진 비즈니스 모델이 없다. 이를 꼬집어
'스태빌리티AI'의 CEO 에마드 모스타크는 현재 AI 회사에 대한
투자가 역사상 가장 큰 버블이라고 진단했다. 지난 6월, 프랑스의
한 스타트업은 제품도, 직원도, 로드맵도 없는 상태에서 1억 1300만
달러를 투자받았다. 생성형 AI 스타트업이라는 이유 때문이었다.
모스타크는 지금의 투자 물결에 '닷아이 버블'이라는 이름을 붙였다.
손 회장은 이런 AI 열풍의 중심에 있는 인물처럼 보인다. 그의 표현에
따르면 AI는 "정보 혁명의 주체"이자, "인간이 해결할 수 없었던 문제를

해결"하는 구세주다.

급격히 몰린 돈은 위험한 결과를 낳을 수도 있어

공격 모드의 이유

손정의 회장은 기술주의 상승세를 근거로 지난 6월 총회에서 '공격 모드로 전환할 것'이라는 포부를 밝혔다. 그의 프레젠테이션에는 인간의 진화가 AI로 닿는다는 내용의 삽화가 가득했다. 이번 소프트뱅크의 투자 이익은 그러한 손정의 회장의 혜안이 효과를 발휘한 것이라 낙관할 수 있을까? 1조 원의 성공을 기뻐하기에는 소프트뱅크의 상황이 그리 좋지 않다. 비전 펀드 부문의 누적 투자 손실은 2017년 첫 번째 펀드가 출시된 이후 여전히 75억 달러, 우리 돈 9조 원에 이른다. 이번 투자 이익은 AI를 위시한 기술주 전체의 상승세, 즉 AI 버블 덕분이었다.

소프트뱅크의 위기

지금 소프트뱅크를 향한 의심의 눈초리는 손 회장의 위태로운 베팅에서 출발했다. 인공지능과 로봇으로 피자 혁신을 꿈꾸던 스타트업 '줌(Zume)'은 소프트뱅크로부터 대규모 투자를 유치했지만 결국 문을 닫았다. 소프트뱅크로부터 1억 7000만 달러를 투자받은 소셜 메시지 플랫폼 'IRL'은 유저 중 95퍼센트가 봇과 자동화 계정이었다는 사실이 드러나 역시 문을 닫았다. 소프트뱅크의 대표 포트폴리오였던 '위워크(WeWork)'의 가능성은 불투명하다. 미래를 향한다는 그의 투자 원칙에 적지 않은 회의감이 쌓이고 있다. 손정의 회장은 작년

최악의 손실 이후 "우리는 그간 기업 가치 평가의 거품 속에 있었다"고
후회하기도 했다.

무리한 사업 확장으로 인해 위워크가 위험하다는 이야기가 들리지

Arm의 기업 공개

그의 말처럼 거품은 위험하다. 그럼에도 AI에는 거품이 조금 끼어야
한다. 소프트뱅크의 자회사이자 팹리스 기업인 'Arm'이 기업 공개를
앞두고 있기 때문이다. 소프트뱅크는 이미 삼성전자, 엔비디아 등의
기술 기업에 Arm을 매각하려 했다가 실패한 바 있다. Arm은 투자
이익을 실현하기 까다로운 회사다. 현재 시스템 반도체 산업에서 Arm
설계도에 기반을 둔 반도체는 60퍼센트에 달한다. 반독점 심사, 기업의
견제, 국가 안보 문제가 기업에 얽혀 있다. IPO가 무사히 성공하지
못한다면 소프트뱅크의 위기는 돌이킬 수 없는 문제로 비화할 수 있다.

버블의 파열음

컨설팅 기업 맥킨지는 생성형 AI가 세계 경제에 연간 4조 4000억
달러의 가치를 산출할 수 있다고 예측했다. 2년 전 그 자리에는
블록체인, NFT와 메타버스가 있었다. 웹3.0 버블이다. 2022년 11월,
FTX의 파산과 VC의 한숨은 마침내 터진 거품의 파열음이었다. 거품이
터지면서 사라진 건 돈만이 아니다. 새로운 기술의 지속을 위해
필요한 믿음, 산업 전체의 지속 가능성이 위협받았다. 신기술을 향한
VC의 대형 투자는 미래 기술의 방향을 설정하고 선도한다. 이 전제가
무너지면 FTX가 낸 파열음은 AI의 파열음으로 다시 돌아올 수 있다.

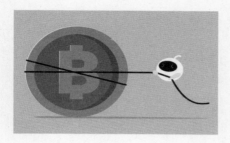

©사진: nadia_snopek

IT MATTERS

손정의 회장은 혁신가였다. 소프트뱅크는 비록 현실과 상관없더라도,
공격적으로 꿈에 베팅해 왔다. 그 베팅 전략은 그가 닷컴 버블을
무사히 넘을 수 있었던 기반이 됐다. 인공지능 시대를 앞둔 그의
프레젠테이션은 2400년, 인공지능 로봇과 인류의 공존을 말한다. AI를
향한 손 회장의 공격 모드는 정말 2400년을 향한 것일까, 다가오는
9월을 향한 것일까? 손 회장의 진심과는 무관하게 거품은 언젠가
꺼진다. 빠르게 대규모의 돈이 몰린 시장이라면 더 흔들리기 쉽다.
우리는 닷컴 버블을, 웹3.0 버블을 그렇게 지나왔다. 다급한 선택과
빠른 대규모 투자는 기술의 가치와 지속 가능성을 흔들 수 있다.
버블의 파열음은 생각보다 더 오래 지속할지 모른다. ⓣ

03 마윈은 왜 농업과 함께 돌아왔나

중국 최대 전자 상거래 기업 알리바바의 창업자 마윈이 새로운 투자 소식으로 침묵을 깼다. 2019년 설립한 투자 회사를 통해 스마트 농·어업 스타트업 '1.8 미터 해양 기술'에 투자한 것이다. 알리바바의 현 CEO 역시 일부 지분을 사들였다. 알리바바는 자체 연구소인 다모아카데미를 통해 '스마트 육종' 프로젝트를 시작하며 농업 관련 기술 투자를 늘리고 있다. 그간 중국 정부의 미운털이 박혀 종적을 감췄던 마윈의 새로운 행보는 무엇을 의미할까? __ 이현구 에디터

오디오와 함께 들으면 이슈가 더 쉬워져요~

기술이 국제 정세의 패권을 가름한다는 기정학 시대 이전에도 위대한
창업자는 시대를 비추는 거울이었다. 혁신은 동시대 사람들의 욕망과
사회적 수요 속에 탄생하기 때문이다. IT 시대를 연 1세대 창업가
마윈의 행보는 13억 인구를 책임지는 중국의 어제와 오늘이었다.
그러나 마윈의 선택이 중국의 내일까지 담보할 수 있을까? 첨단 산업의
각축전이 된 지금도 마윈의 혁신이 유효할까? 빅테크의 지형도가
바뀌는 지금, 마윈의 선택은 혁신의 향방을 반추할 단서다.

©사진: Jan Kopřiva

중국 인터넷 시대의 창시자

영어권에서 '잭 마(Jack Ma)'라는 이름으로 알려진 마윈은 국가적,
개인적 차원에서 모두 입지전적인 인물이다. 그는 중국 인터넷 시대의
창시자다. 중국의 인터넷 발전은 알리바바 전과 후로 나뉠 정도다.
창시자, 설립자를 의미하는 'founder'의 어원엔 기초를 놓는다는 뜻이
있다. 마윈은 그 정의를 가장 혹독하게 입증해 낸 사람이다. 공산주의
국가인 중국의 시장 경제에서 혁신을 일궜기 때문이다. 이베이 창업자

피에르 오미디아, 아마존의 제프 베이조스와는 출발선부터 달랐고, 유복한 유학 시절을 보낸 바이두의 리옌홍, 미국 스탠퍼드대학교의 엘리트들이던 구글의 브린과 페이지와도 달랐다. 평범한 가정에서 태어나 사범 대학을 나온 영어 강사 출신인 그는 중국의 영웅이자 선망의 대상이었다.

마윈은 무엇을 바꿨나

마윈의 혁신은 중국이기에 그 의미가 크다. 마윈은 13억 인구의 중국이 거대한 시장임을 입증했다. 기업 간 거래와 소비자 대상 거래를 온라인화하며 세계의 자본 및 기술을 중국에 이식했고, 그 결과 중국은 값싼 노동력과 공산품으로 대표되는 2차 산업 국가에서 첨단 기술이 태동하는 곳으로 다시 태어났다. 중국에 서방과 같은 혁신이 있음을 입증한 것이 바로 마윈이다. 개혁개방을 완성했다는 평가를 받는 이유다. 금융 부문 자회사 앤트그룹의 등장은 또 다른 변곡점이었다. 그는 핀테크 '알리페이'로 고객의 지갑을 없애는 수준이 아니라 중국이 세계에서 디지털 국가로 앞서갈 기반을 마련했다. 마윈의 혁신은 그래서 중국의 어제와 오늘이다.

중국이 QR 사회가 된 건 위챗페이와 알리페이 때문이라고 해

마윈은 왜 농업에 투자하는가

2019년 다보스 포럼에서 마윈은 "다시 창업한다면 농업을 택하겠다"고 말했다. IT는 천재가 많아 경쟁이 어려운 반면 농업은 21세기 초 인터넷처럼 가능성이 크다는 이유에서다. 실제 농업은 유망한 분야다.

기록적인 폭염과 기후 위기는 작황을 악화시켰다. 세계 곡창 지대인 우크라이나와 러시아의 전쟁은 끝날 기미가 보이지 않는다. 먹고사는 문제는 중국에서 특히 각별하다. 중국은 세계 인구의 약 20퍼센트를 차지하고 있지만 경작 가능한 토지의 면적은 전 세계 농지의 10퍼센트 미만이다. 도농 격차도 심하다. 중국의 개혁개방이 해안가를 중심으로 점차적으로 진행되며 지역 불균형을 불렀기 때문이다. 모든 이를 농업 호구, 비농업 호구로 나누는 중국의 호구 제도는 도농 간 인력·자본의 자유로운 이동을 막았다. 혁신이 절실한 분야다.

마윈과 게이츠의 차이

경영 일선에서 물러난 1세대 창업자가 후학 양성에 힘쓰고 새로운 기술에 투자한다는 점은 마이크로소프트 창업자 빌 게이츠와도 닮았다. 게이츠 역시 인공지능(AI)을 비롯해 핵융합, 애그테크(AgTech) 등 미래의 다양한 과학 기술에 투자하고 있다. 그러나 마윈은 농업에 있어 투자자의 관점을 넘어 직접 기술을 배우며 육성하고 있다. 아무리 농업이 유망하다 해도 전자 상거래를 베이스로 성장한 마윈이 갑자기 농업에 투신하는 것은 의아한 구석이 있다. 2015년 "지금은 IT에서 DT 시대로 옮겨가고 있다"고 발언한 마윈은 2년 후 AI와 사물인터넷(IoT) 등에 향후 17조 원의 거금을 투자하겠다는 계획도 밝혔다. 스마트 육종 프로젝트를 시작한 다모아카데미는 원래 AI, IoT, 양자컴퓨팅 등을 위한 연구소였다. 그는 어쩌다 생각을 바꾸게 됐을까?

©사진: Ascannio

잭 마에게 휘둘러진 잭 해머

경영 일선에서 중국 빅테크의 글로벌 영향력을 주도했던 마윈은
창업 20주년인 2019년 자신의 55번째 생일에 알리바바 회장직을
내려놓는다. 위대한 창업자의 다음 행보에 전 세계의 이목이 쏠린
가운데 그는 모종의 사건으로 한순간에 추락한다. 한 공개 포럼에서
중국 금융 시스템 전반에 강도 높은 비판을 했기 때문이다. 당국의
핀테크 규제를 꼬집던 그의 모습은 'CEO 리스크'로 대표되는 일론
머스크를 연상케 했다. 결국 알리바바가 준비하던 앤트그룹의 상장은
중국 당국에 의해 무산됐고 마윈은 종적을 감췄다. 침묵의 기간, 마윈은
앤트그룹의 지배권을 상실했고 알리바바는 3조 4000억 원의 반독점
과징금을 맞았다. 세계는 그간 개혁개방을 외치며 자본주의 시장으로의
편입을 꾀한 중국이 사실은 붉은 자본주의였다는 것을 다시금
실감했다.

> 20년 지기 소프트뱅크도 결국 알리바바를 매각했어

붉은 자본주의

"중국의 빅테크 규제." 경제지에서 자주 보이는 이 헤드라인은 중국과
경제적 이해관계를 같이 하는 나라들에 '차이나 리스크'라는 단어로
인식된다. 하지만 어떤 국가도 리스크를 향해 나아가지 않는다. 사회

통제가 잘 되는 나라라면 더욱 그렇다. 국공내전을 치르며 세워진 현대 중국은 칡뿌리밖에 없는 황폐한 국가였다. 토지 개혁과 사상 혁명, 점진적 개혁개방과 전랑외교는 중국의 자구책이었다. 중국을 G2로 키워낸 것은 결국 차이나 리스크라 부르는 중국공산당의 권위주의적 시스템인 것이다. 중국공산당의 빅테크 규제는 파워 게임임과 동시에 혁신의 향방을 자신들이 정하겠다는 의지다. 마윈은 잠적한 동안 세계 여러 나라를 돌며 농업 기술을 배우고 알리바바그룹이 소유한 미디어 《사우스차이나모닝포스트》를 통해 그 모습을 노출했는데, 이는 중국 정부가 식량 안보를 주요 과제로 여기고 있음을 알 수 있는 대목이다.

 중국은 이제껏 은근히 영리한 외교를 해 온 셈이지

마윈의 역할은 무엇인가

한때 위대한 창업가로 칭송받던 마윈에게서 이제 사람들은 중국공산당의 그림자를 본다. 중국 농산물 플랫폼 핀둬둬의 창업자도 2021년 회장직에서 물러난 뒤 생의학, 농업, 식품 등에 투자하며 중국공산당이 점지한 방향을 따르고 있다. 그들의 혁신은 끝난 걸까? 세계는 지난 3월에 열린 중국 최대 행사 '양회'의 기업가 명단에 주목했다. 텐센트의 마화텅이 빠지고 AI, 반도체, 전기차 기업의 CEO들이 새로 모습을 드러냈다. 고부가 가치 산업에서 미국과 겨루려는 새 라인업인 셈이다. 하지만 이와 동시에 중국 정부는 탈중국에 맞서 자급자족의 대과제를 안고 있다. 1세대 창업자들의 역할은 여기에 있다. 백의종군이든 공산당의 지령이든 뿌리 깊은 농업의 문제를 혁신할 수 있는 검증된 이들이기 때문이다. 마윈의 새로운 혁신은 지금부터다.

10년 전만 해도 많은 이들은 창업자를 꿈꿨고 마윈은 그들의 롤
모델이었다. 그러나 한 시대가 저물었다. 많은 혁신가의 옥석은 이미
가려졌고 IT 시대를 연 1세대 창업자들은 은퇴하고 있다. 투자 시장은
얼어붙었고, 기술 경쟁은 혁신을 국가 전략의 문제로 탈바꿈시켰다.
이 과정에서 서구 사회와 중국의 체제 경쟁도 가열되고 있다. 규제의
속도를 아득히 벗어난 인공지능을 두고 뒤늦게 머리를 맞댄 자유 시장
경제와 기업을 숙청에 가깝게 규제하며 고삐를 조이는 사회주의 시장
경제의 각축전에서 1세대 창업자들이 설 자리는 마땅치 않아 보인다.
이들을 보고 꿈을 키워온 새로운 창업자들도 마찬가지다.
다음 시대의 혁신은 어디를 향하게 될까? 그것을 주도하는 것은
누구일까? 자유 시장 경제의 투자 시장은 첨단 산업에만 기형적으로
몰려 있고, 사회주의 시장 경제는 외부 투자에 난항을 겪는다. 기술
경쟁의 이면에 잠식되는 가치를 제고할 수 있는 건 일선에서 물러난
1세대 창업가들의 지혜다. 돈의 논리에서 벗어난 인류 공통의
문제점에서 과거 위대했던 혁신의 경험이 빛을 발할 수 있다면 체제
경쟁의 한가운데서 새로운 1세대 창업가들의 시대가 열릴 수 있을
것이다. ●

일본의 젊은 공무원들이 스타트업으로 이직하고 있다. 《니혼게이자이신문》에 따르면 2022년에 스타트업으로 이직한 공무원은 2020년의 네 배로 30퍼센트에 육박했다. 같은 기간 공무원에서 대기업으로의 이직 비율이 34퍼센트인 점을 고려하면 이례적 수치다. 전체적으로 30대의 이직률이 높았고 스타트업으로의 이직은 해당 2년간 아홉 배 증가했다. 스타트업 취업을 희망하는 대졸자가 2퍼센트라는 다른 설문 조사와는 대조적이다.
__ 이현구 에디터

일본 정부 역시 스타트업을 국가 성장 동력으로 지정해 전폭 지원 중이다. 그런데 대중적으로 알려진 스타트업은 없다. 일본 스타트업 중 시가 총액 1위인 프리퍼드네트웍스(Preferred Networks)조차 국내 언론에서 보도량이 미미하다. 왜일까? 공무원과 대졸자가 보이는 온도 차는 그간 일본 스타트업계가 겪은 난맥상과 연결돼 있다. 이 흐름을 따라가다 보면 일본이 당면한 과제와 미래가 읽힌다. 일본은 한국, 대만, 싱가포르와 같은 스타트업 강국이 될 수 있을까?

졸업자에서 이직자로

일본인 대학생 A 씨는 올해 졸업 전 무조건 대기업 취업을 노려야 한다. 졸업 후 '기졸(既卒)'이 되면 대기업 취업은 물 건너가기 때문이다. 차선책은 있다. 일본의 중소기업은 대기업과 연봉 차이가 크지 않다. 성과 중심으로 빠른 승진이 보장되진 않지만 종신 고용 문화가 남아 있어 안정적이다. 같은 맥락에서 공무원도 좋은 옵션이다. 대졸자가 스타트업 취업을 잘 고려하지 않는 이유다. 그렇게 공무원이 된 A 씨는 서른에 접어들며 점차 관료주의에 환멸을 느낀다. 사회 문제는 늘어나는데 조직은 혁신을 등한시한다. A 씨는 스타트업으로 이직을 결심한다.

 한국인 A 씨의 이야기는 어떨지도 상상해 보자

©사진: rrice

스타트업을 향한 동상이몽

일본 산업협회의 설문 조사에 따르면 스타트업으로 이직한 공무원의 80퍼센트는 이직을 희망하는 이유로 '기업의 사회적 사명'을 꼽았다. 공무원의 낮은 임금과 잦은 초과 근무 외에도 사회 문제나 기후 문제 해결에 동참하고 싶은 마음이 이들을 스타트업으로 이끄는 것이다. 정의는 다양하지만 스타트업의 공통 정서는 '문제 해결'과 '도전'이다. 미래 세대는 일본이 잃어버린 해답을 스타트업에서 찾고 있다. 그런데 일본 정계와 재계가 스타트업을 바라보는 관점은 다르다. 이들에게 스타트업 육성은 장기 침체와 저성장을 해결할 기시다 표 '신자본주의'의 핵심이다.

94개 모자란 유니콘

기시다 정부가 지난해 발표한 목표는 2027년까지 스타트업에 투자금을 열 배 늘리고 유니콘 기업을 100개 만드는 것이다. 실제 일본은 세계 스타트업 투자 시장이 말라붙는 와중에도 은행, 기관, 해외 자본의 스타트업 투자가 늘었다. 2022년 총 투자 규모가 8조 원인데, 한국의 11조 원과 크게 차이나지 않는다. 문제는 기시다 정부의 목표를 달성하려면 앞으로 94개의 유니콘을 더 만들어야 한다는 점이다. 글로벌 시장 조사 기관 CB인사이츠의 유니콘 트래커 7월 기준, 미국의 유니콘은 656개, 중국 171개, 일본 6개, 한국 14개, 브라질 16개, 멕시코는 8개다. 세계 경제 규모 3위에 걸맞지 않은 숫자다.

아무리 엔저라도 이런 투자 불황에. 가능할까?

일본엔 카카오가 없다

숫자도 숫자지만 분야도 독특하다. 한국의 주요 스타트업은 사람들 일상에 스며든 IT 기반 플랫폼 비즈니스다. 반면 일본은 지역 기반 뉴스 큐레이션 플랫폼인 스마트뉴스 등을 제외하면 고객 접점이 없는 스타트업이 많다. 프리퍼드네트웍스는 AI 기업이고, 그 외 블록체인 핀테크, 소재 관련 스타트업이 뜨겁다. IT 기업은 주로 대기업의 외주 개발에 그친다. 왜 일본엔 카카오 같은 곳이 생기지 못했을까? 타이밍을 놓쳤기 때문이다. 일본은 2015년 아베 총리의 실리콘밸리 방문을 기점으로 스타트업 투자가 크게 늘었다. 2016년 가상 화폐 붐이 일자 일본은 IT 산업에서 놓친 주도권을 웹 3.0에서 만회하고자 각종 규제를 풀고 스타트업 육성을 지원했다. 일본이 강점을 가진 소재·장비 분야도 이때 힘을 받았다. 지금의 유니콘은 이때의 산물인 것이다.

©사진: imtmphoto

위험 회피 성향

지금은 투자 규모도 늘고 국가나 지자체에서 스타트업을 적극
권장하고 있다. 그런데도 왜 일본은 여전히 스타트업 불모지를
벗어나지 못할까? 그 이유엔 일본 비즈니스 문화의 고질병이 있다.
스타트업은 '하이 리스크 하이 리턴'이 기본이다. 반면 일본의 비즈니스
문화는 위험 회피 성향이 강하다. 특히 비즈니스 주체 간 신뢰가
무엇보다 중요하고, 실패나 실례는 용납되지 않는 신중한 문화다.
이는 신생 기업의 탄생과 시장 침투를 막고 투자 시장을 경색시키는
결과를 가져온다. 자본은 장기적인 수익을 보고 여기저기 투자하고,
창업자는 신속한 의사 결정을 기반으로 시행착오와 개선, 피벗(pivot),
엑시트(exit)를 해내는 실리콘밸리와는 정반대의 문화다. 이 때문에
일본의 주요 벤처캐피털(VC)들은 그간 해외 기업에 주로 투자해 왔다.
소프트뱅크의 비전펀드 아래 한국 유니콘이 여럿 탄생하기도 했다.

안전망 없는 두려움

일본은 계속 혁신을 꿈꿀 수 있을까? 글로벌 통계 업체 스태티스타(statista)에서 '실패가 두려워 창업을 망설이는 비율'을 보면 2022년 기준 한국은 18.3퍼센트, 일본은 50.9퍼센트다. 일본 벤처기업센터(VEC)의 2020년 백서에 따르면 이 같은 두려움은 창업이 힘든 이유 1위로 꼽혔다. 기졸을 '인생종료(人生終了)'라 자조하는 취업 문화와도 닮았다. 다른 나라에 비해 고용 안정성이 높아 오히려 실패자에 대한 낙인은 더 강해진다. 게다가 비슷한 경제 규모의 선진국들에 비해 멘토나 액셀러레이터, 산학 연계도 부실한데 IT 인재의 수도 적다. 위험을 감수하며 창업이나 스타트업 시장에 뛰어들 동인이 더 적은 것이다. 공직 사회에서 스타트업에 뛰어든 이들이 '미션'을 주요 이직 사유로 꼽은 것의 진정성을 알 수 있는 대목이다.

©사진: 상은 신

재패니즈 실리콘밸리

그럼에도 일본에는 여전히 스타트업이 필요하다. 비단 부가 가치가 높은 성장 동력으로서의 스타트업이 아닌 레트로의 때를 벗겨 낼

혁신이 요구되기 때문이다. 실리콘밸리와 철저히 다른 사회 문화를
가졌지만 무엇보다 실리콘밸리식 모델을 적용해야 할 이유도 있다.
실리콘밸리에서 성공한 스타트업의 55퍼센트는 이민자의 창업이었다.
만성적 저출생과 인구 부족으로 이민자 유치에 한창인 일본에는
더없는 기회다. 실제 일본의 소도시인 이즈모(出雲)시는 우크라이나
전쟁으로 갈 곳을 잃은 동유럽 IT 인재를 대거 유치해 화제가 됐다.
민관 합작 기관 '피플 클라우드'를 통해 6개월간 비대면 일본어 강의를
제공 후 채용 면담을 진행하고 일본 현지의 채용과 이주·정착까지
종합 지원하는 솔루션이다. 러시아와 벨라루스에 등에서 100명 이상이
지원한 것으로 알려졌다.

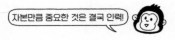

자본만큼 중요한 것은 결국 인력!

IT MATTERS

일본은 신자유주의를 향한 뒤늦은 출발을 했다. 익숙한 많은 것을
고치며 체질 개선에 나서는 과정은 고통스러울 것이다. 폐쇄적인 사회
문화도, 실패에 민감한 기업 문화도, 등한시했던 IT 인재 양성도 동시에
이뤄야 하는 과제를 안고 있다. 이 여정의 중심에 자리한 스타트업을
바라보는 청년과 사회 지도층의 관점 차이가 절묘한 합의를 이룬
상태가 지금의 스타트업 붐이다. 그런 점에서 일본은 국가 시스템과
문화 자체를 혁신해야 하는 '국가적 스타트업 상태'라 볼 수 있다.
　　　스타트업은 신속한 의사 결정으로 창업에 뛰어들어 최소 기능
제품(MVP·Minimum Viable Product)을 시장에 내보이고 피드백을
통해 시행착오와 개선을 거친다. 그 과정에서 시장의 최종 선택을 받는
건 극소수다. 장인 정신과 꼼꼼함으로 무장한 일본의 산업적 특성과
맞지 않는 방식이지만 이러한 '린 스타트업(lean startup)' 방식의

힌트를 줬던 건 다름 아닌 도요타였다. 그러나 스타트업은 성장주의가 유효했던 시절의 방법론이다. 높은 레버리지를 감수해야 하기 때문이다. 일본 경제가 이를 버틸 체력이 될지는 두고 볼 일이다.

중요한 건 혁신의 층위다. 정부와 기업이 원하는 경제적 체질 개선만큼 시급한 것은 일본의 만성적 사회 문제다. 야당이 설 자릴 잃어버린 정치 구조 아래 시급하게 다뤄져야 할 기후와 다양성, 복지, 보건의 문제는 시민 단체와 지자체의 몫이 된 지 오래다. 독선적이고 관료주의적인 공직을 경험한 이들이 스타트업에 뛰어드는 이유를 상기해야 한다. 어떤 혁신을 이룰 것인지 심도 있게 논하지 않는다면 지금의 스타트업 붐은 잃어버린 40년이 돼 돌아올지 모른다. ⓣ

세컨더리(secondary) 시장이 뜨고 있다. 투자와 회수 시장이
위축되면서 자금이 묶인 기존 투자사와 투자 시장에서 검증된
기업의 지분을 할인된 가격에 매입하기를 원하는 새로운 투자사
사이의 이해관계가 맞아떨어진 결과다. 초기 기업 투자 명가인
DSC인베스트먼트는 2000억 원 규모의 세컨더리 펀드를 조성하고
있다. 모태 펀드도 세컨더리에 5000억 원을 배정한다.

__ 이연대 대표

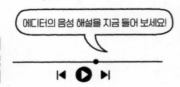

세컨더리 시장의 호황은 신규 투자의 위축을 뜻한다. 금리 인상으로 투자 시장이 위축되면서 벤처캐피털(VC)의 투자 기조가 고위험 고수익에서 저위험 고수익으로 바뀌었다. 이는 단순히 VC 업계만의 문제가 아니다. 투자 환경이 변하면서 스타트업의 성장 전략도 달라지고 있다. 이제 스타트업은 유니콘이 아니라 물 없이도 몇 달을 버틸 수 있는 낙타가 되어야 한다.

세컨더리 시장의 호황

투자조합, 즉 펀드의 운용 기간은 통상 7년이다. VC는 펀드 결성 후 보통 1~2년째 투자를 모두 집행하고 나머지 기간 동안 투자 기업을 관리한다. 7년 만기가 되면 기업 공개(IPO)나 M&A로 투자 지분을 청산하고 수익을 정산한다. 그런데 지난해 하반기부터 금리가 오르면서 투자 시장이 위축되자 IPO를 연기하거나 철회하는 스타트업이 늘고 있다. VC가 IPO로 투자금에다 수익금을 더한 돈을 회수하고, 그 자금을 다시 스타트업에 투자하던 선순환 고리가 끊어진 것이다. 펀드 만기가 다가온 VC는 결국 엑시트(exit) 하지 못한 보유 지분을 할인된 가격으로 다른 투자사에 팔아 자금을 회수하게 된다. 이게 세컨더리 시장이다.

 여러 기관 투자자가 올해를 '세컨더리 펀드의 해'로 꼽고 있어

요즘 VC의 투자 트렌드

투자사끼리 구주를 거래하는 세컨더리 시장의 호황은 달리 말하면
신주를 거래하는 신규 투자가 잘 이뤄지지 않는다는 뜻이다. 주식을
보유한 사람이 달라질 뿐 회사에 신규 자금은 흘러들지 않는다. 실제로
올해 상반기 국내 스타트업 투자 금액은 2조 3000억 원을 기록했는데,
지난해 같은 기간보다 68퍼센트 급감했다. 요즘 VC의 투자 트렌드는
한마디로 '투자하지 않는 것'이다. 투자 시장이 얼어붙으면서 후속
투자를 유치하지 못한 스타트업은 지분을 헐값에 팔아 혹한기를
버티고 있다.

©사진: nadia_snopek

기다릴수록 유리한

VC는 펀드 운용 기간 내에 투자금을 소진해야 한다. 돈을 가만히
들고 있기만 해서는 안 된다. 그런데 좀처럼 돈을 굴리지 않고 있다.
기업 가치가 빠르게 조정되고 있기 때문이다. 예를 들어 투자 시장이
한창 좋았던 2022년 초만 해도 기업 가치가 1000억 원이던 회사가

지금은 500억 원이 됐다. VC 입장에서는 굳이 지금 투자할 이유가 없다. 시장의 불확실성은 여전하고, 협상력은 시간이 갈수록 커진다. 지금이 아니라 6개월 후에 투자하면 지분을 더 싸게 취득할 수 있다고 판단하는 것이다.

VC 업계의 양극화

모든 VC가 자금을 넉넉히 보유하고 있으면서도 투자를 보류하는 것은 아니다. VC 업계에도 양극화가 감지된다. 곳간이 넉넉한데도 시장을 관망하는 VC가 있는가 하면 자금이 말라 투자하고 싶어도 할 수 없는 VC가 있다. 벤처캐피털협회 조사에서 국내 VC의 79퍼센트가 투자 여력이 없다고 답했다. 실제로 협회에서 발간한 2023년 자료집에 따르면 국내 VC 338곳 중 79곳이 운용 펀드가 없거나 투자 여력이 없는 상태. 투자 가능 금액이 100억 원 이하인 곳까지 합하면 VC 중 절반이 신규 투자를 제대로 할 수 없는 상황이다.

매력적이지 않은 투자처

VC는 자기 돈으로 투자하지 않는다. 펀드를 조성할 때 LP에게 출자를 받는다. LP는 Limited Partner의 약자다. 개인과 기관 투자자를 포함한 유한 책임 투자자를 뜻한다. 그런데 이 LP로부터 출자를 받기가 점점 어려워지고 있다. 우리나라 기준 금리는 1년 사이에 0.5에서 3.5퍼센트까지 뛰었다. 자금 조달 비용이 그만큼 늘어났다. 그런데 펀드 수익률은 10퍼센트로 떨어졌다. 기대 수익률과 조달 금리의 격차가 1년 사이에 급감했다. LP가 VC에 자금을 대는 목적은 창업 생태계 활성화가 아니다. 수익을 얻기 위해서다. LP 입장에서 이제 VC 투자는 매력적인

투자처가 아닌 셈이다. 차라리 부동산 투자가 수익 면에서 나을 수
있다.

성장성과 수익성

투자 환경의 변화는 스타트업의 성장 전략도 바꾸고 있다. 2022년
초까지만 해도 스타트업이 투자를 유치하는 공식은 간단했다. 성장성만
입증하면 됐다. 적자를 내고 있더라도 매출이든 사용자 수든 빠르게
성장하고 있다면 투자를 유치할 수 있었고, 그 투자금을 마케팅비에
투입해 회사 외형을 더 키우고, 그 지표로 다시 투자를 받는 식이었다.
지금은 상황이 다르다. 시장 불확실성이 커지면서 VC의 투자 기준이
달라지고 있다. 성장성과 함께 수익성도 본다. 매출액 증가율과
영업이익률을 합쳐 40을 넘어야 한다는 '40의 법칙'까지 나왔다.
성장 가능성이 크면서 지금 이 순간 돈도 잘 벌고 있는 기업에만
투자하겠다는 것이다.

> 시장의 옥석 가리기가 본격적으로 시작된 걸까

IT MATTERS

　　VC와 스타트업 모두 도전에 직면했다. 금리 인상으로 자금
조달 비용이 오르면서 LP들이 더 조심스러워졌다. 부동산 자산 위주로
투자처를 찾는 경우도 많다. 그러다 보니 VC가 LP를 모으지 못해
펀드 결성 기한을 연기하거나, 아예 펀드 결성에 실패하는 경우도
생긴다. 시장에 자금이 넘치던 시대에 투자했던 것과 같은 방식으로는
살아남기 어렵다. 투자 분야를 특화하는 등 하우스의 자체 경쟁력을
높여야 한다. 스타트업도 마찬가지다. 앞으로 몇 년간은 투자 시장이
회복되지 않는다는 전제하에 외부 자본 없이도 버틸 수 있는 체력을

길러야 한다. 이제는 유니콘이 아니라 물 없이도 몇 달을 버틸 수 있는 낙타가 되어야 한다. 그래야 오아시스를 만날 수 있다. ⓣ

실리콘 밸리의 사랑을 받던 스니커즈, 친환경 신발 브랜드
올버즈(Allbirds)가 길을 잃었다. 품질에 대한 소비자들의 불만과
고객층 확보에 실패하여 매출은 감소했고, 현금 보유액이 줄어들며
감원을 단행했다. 현지 시간으로 7월 14일, 올버즈의 주가는 1.28달러로
마감했다. 기업 공개(IPO)를 한 2021년 11월 당시의 주가였던
28.64달러에 비해 95퍼센트 이상 하락한 수치다. 한때 17억 달러에
달했던 기업 가치는 지금은 2억 달러에 못 미치는 수준을 보인다.
__ 백승민 에디터

《월스트리트저널》은 한때 쿨함의 상징이던 올버즈가 이제는 길을 잃었다고 평가했다. 핵심 소비자를 파악하는 데 미숙했고 섣부른 경영적 판단으로 확장을 시도하면서 브랜드 자체가 위기에 빠졌다는 분석이다. 소비자의 외면은 투자자의 화로 이어진다. 지금 올버즈는 IPO에 투자한 후 돈을 돌려받지 못한 투자자들의 집단 소송이 제기되어 있다. 그런데 스타트업의 투자와 확장, 실패 시나리오는 올버즈만의 것이 아니다. 과거에도 있어 왔으며, 앞으로도 있을 것이다. 올버즈의 스토리를 보면 스타트업 투자 생태계가 보인다.

올버즈의 혁신, 친환경

캘리포니아에 대형 산불이 나고, 플로리다에서는 허리케인이 불어닥칠 때였다. 과학자들은 기후 변화에 대해 경고하고 환경에 대한 관심은 높아졌다. 올버즈는 이때 태어났다. 탄소를 배출하지 않는 친환경 신발을 혁신의 가치로 내세웠다. 올버즈는 메리노 울로 갑피를, 사탕수수 폼으로 미드솔을, 재활용 플라스틱 병을 이용해 신발 끈을 만들었다. 뉴욕 쉐이크쉑 매장에서 진행한 한정판 스니커즈 팝업 스토어에 사람들은 줄을 섰고, 래리 페이지(Larry Page) 등 실리콘 밸리 테크 거물들과 미국 버락 오바마 전 대통령, 배우 레오나르도 디카프리오가 올버즈를 신었다. 그러나 몰락은 한순간이었다.

난 처음 들어 봤는데, 우리나라 백화점 더현대 서울에서도 팝업 스토어가 열린 적이 있대!

혁신이 실패한 이유, 품질

운동화는 구입한 지 몇 달이 지나지 않아 구멍이 났다. 울 레깅스는
속이 훤히 비쳐 속옷이 보이고 모양이 유지되지 않았다. 울은
나일론이나 폴리에스테르보다 환경에는 좋지만 내구성은 떨어졌다.
소비자들의 불만이 폭주했다. 품질만이 문제는 아니었다. 올버즈는
무리하게 매장을 확장했다. 핵심 고객에 대한 기준은 서 있지 않았다.
타깃을 젊은 층으로 기울이면서 기존 핵심 고객인 3040에 대한
집중력을 잃었다. 젊은 층은 올버즈가 아니라 새로 뜨는 스니커즈
브랜드인 호카(Hoka)나 온(On)을 사겠다고 답했다. 기존 고객들은
내구성이 떨어지는 올버즈를 떠나갔다.

친환경의 실패?

올버즈의 실패는 친환경의 실패일까? 그렇지는 않다. 지금의
소비자들은 가격이 더 비싸더라도 환경에 이로운 제품에 지갑을 열
의향이 있다. 하지만 좋은 가치만으론 안 된다. 소비의 본질, 만족감을
충족시켜야 한다. 올버즈는 소비자를 만족시킬 품질과 전략이 없는
상태에서 무리하게 소비자층과 회사 규모를 확장하려다 고꾸라진
사례다. 그 확장의 재료는 친환경, 그리고 친환경에 대한 사람들의
기대와 희망이었다. 올버즈는 탄소 음성 물질을 사용한 'M0.0NSHOT'
신발 라인을 통해 탄소를 배출하는 만큼 흡수하는 탄소 제로 신발을
만들었다고 주장했다. 하지만 내구성 없는 탄소 제로 상품은 의미가
없다. 수명이 짧은 제품은 더 자주 구매되고, 더 자주 생산되며, 더
많은 자원을 사용하기 때문이다. 컨설팅사 맥킨지의 추정치에 따르면
패션 산업은 2018년 기준 전 세계 온실가스 배출량의 약 4퍼센트를

차지했다.

탄소 제로 신발, 궁금한데?

문제는 실현이다

친환경에 대한 올버즈의 문제의식은 유효했다. 그러나 결과적으로는
사람들의 기대와 희망을 이용한 그린 워싱이 되었다. 좋은 가치를
내세웠으나 그것을 실현시키지 못한 채 투자자들의 돈을 증발시킨
것은 올버즈만의 일은 아니다. 공유 오피스 위워크(WeWork)는
공유라는 가치를 내세워 워크 플레이스의 혁신과 플랫폼화를
표방했으나 무리한 기업 확장으로 가치를 손상한 경우다. 투자자로
손정의 소프트뱅크 회장이 손을 대며 위워크의 몸값은 뛰기
시작했다. 기업 공개 일정에 맞춰 과도하게 지점을 늘리는 등 더욱
몸집을 부풀렸다. 그러자 공유와 환상과 혁신의 이미지는 사라지고
사무실, 부동산 임대업이라는 위워크 서비스의 본질이 드러났다.
지난 4월, 위워크의 주식 종가는 50센트 아래로 떨어졌고 주가
폭락으로 인해 뉴욕증권거래소(NYSE) 부적합 통지를 받아 상장
폐지 위기를 겪고 있다. 애플TV+가 위워크 스토리를 조명한 드라마
〈우린폭망했다(WeCrashed)〉를 만든 건 덤이다.

세상을 더 나은 곳으로 만들 수 있을까?

미국 HBO 드라마 〈실리콘 밸리(Silicon Valley)〉에서 스타트업
창업가들은 하나 같이 자신의 제품이 '세상을 더 나은 곳으로 만들
것(make the world a better place)'이라고 선언한다. 실리콘 밸리

제작자 마이크 저지는 이 장면을 넣은 이유를 두고 자본주의의
우스꽝스러움을 이야기한다. 창업자들은 회사를 가능한 한 크고
수익성 있게 만들고 싶어 하면서 "세상을 더 나은 곳으로 만든다"는
말로 욕망을 가린다는 것이다. 포브스는 올버즈가 기업 공개를 하기
전 이미 올버즈의 기업 가치가 고평가되어 있다고 말했다. 매출 성장
둔화와 동종 업계 경쟁력 등에 있어 올버즈는 수익성 없는 모델이었기
때문이다. 올버즈의 기업 가치는 더 깨끗한 세상에 대한 이상이 만든
거품이며 그 내실이 없다는 것은, 스타트업 투자 시장이 얼어붙자
드러난 냉정한 사실이었다.

냉정한, 돈

세상의 모습을 결정하는 것은 창업가들이 말하는 가치나 의지가
아니라 실현이다. 그 실현에는 돈이 필요하다. 금리 상승과 거시 경제의
불확실성으로 인해 글로벌 투자 시장은 얼어붙은 상태다. 최근 몇 년간
주식 시장에 상장된 스타트업의 주식 가격은 하락했다. 북미 기준
2023년 1분기 스타트업 투자 금액은 463억 달러로, 2022년 1분기
대비 46퍼센트 감소한 수치다. 스타트업의 옥석이 가려지는 지금, 옥과
석을 가르는 것은 기업이 추구하는 가치가 아니라 그들의 수익성이다.
한때 미래 가치를 보고 투자 여부를 결정했던 투자사들은 지금은
지표와 실적을 원하고 있다. 스타트업에게서 환상적인 유니콘의 모습이
아니라, 현실적인 기업의 모습을 보고 싶어 하는 것이다.

생성형 인공지능 버블

얼어붙은 투자 환경이지만 한 분야만큼은 활발하게 투자가 이루어지고

있다. 생성형 인공지능이다. 챗GPT를 시작으로 생성형 인공지능에 대한 관심이 뜨거워지면서 투자 열기의 군불을 쬐려는 스타트업들이 회사 내부에 AI 개발 인력이 없는데도 회사 소개서에 AI라는 키워드를 넣고 있다. 출범한 지 4주밖에 되지 않은 프랑스 인공지능 스타트업 미스트랄AI는 아직 제품이 없는 상태로 시드 단계 모금에서 1400억 원이 넘는 돈을 조달하기도 했다. 증권 전문지 〈마켓인사이더〉는 인공지능 기술주 급증이 2000년대 초반 닷컴 버블의 양상과 유사하다며, 곧 붕괴 위험을 겪을 가능성이 있다고 전망했다.

IT MATTERS

투자는 미래 가치를 보고 이루어진다. 투자 상품에 끼어 있는 거품은 사람의 욕망을 자극하고 경제를 굴러가게 하는 원동력이 된다. 그러나 우리는 17세기의 튤립 버블부터 2008년 서브프라임 모기지 사태까지 엄청나게 버블이 끼었다가 빠진 후의 모습을 너무 많이 봐 왔다. 보호받지 못하는 것은 개인이었고, 속은 것은 그 가치에 공감한 사회 전부였다. 올버즈로 치면 친환경이라는 가치를 믿은 사람들, 위워크로 치면 공유라는 가치를 믿은 사람들이다.

주목할 만한 점은 버블이 바뀌는 주기가 점점 더 빨라진다는 점이다. 2008년 서브프라임 모기지 사태 이후로 2017년의 가상 화폐 버블, 2021년 메타버스와 NFT 광풍과 2023년 생성형 인공지능까지, 유행하는 주식 종목이 바뀌는 주기는 점점 더 짧아지고 있다. 달리 말하면, 돈이 거품이 빠질 때를 기다려주지 않는 것이다. 옥석은 시간이 지난 후에야 결정될 것이다. 우리는 좀 더 냉정하고 차분하게 시장을 바라볼 필요가 있다. **ⓣ**

톡스에서 내 일과 삶을 변화시킬 레퍼런스를 발견해 보세요.
사물을 다르게 보고 다르게 생각하고 세상에 없던 걸 만들어 내는
혁신가를 인터뷰했어요.

FIFA 여자 월드컵을 향한 관심은 뜨거웠지만, 대다수 여성에게 월드컵은 먼 이야기다. 많은 여성은 쉬는 시간에 계단을 뛰쳐 내려가 축구를 해본 기억이 없고, 농구팀에 들어와 취미 생활을 하라는 제안을 받아 본 적도 없다. 팀을 이루고, 연합하고, 그다음을 약속한 경험이 부족한 셈이다. 위밋업스포츠는 팀 스포츠만이 줄 수 있는 경험이 생각보다 큰 힘을 지니고 있다고 말한다. 운동하는 여자 한 명은 세상을 바꾸기 어렵다. 그런데 자연스럽게 운동하는 여자들은 세상을 바꿀 수 있다. __ 김혜림 에디터

위밋업스포츠는 어떻게 돈을 버나?

일반인 여성을 대상으로 스포츠 클래스를 진행한다. 처음에는
비즈니스를 할 마음은 없었다. 지금 위밋업스포츠를 보며 많은
사람들이 미래를 내다본 비즈니스라고 평가하지만, 시작한 이유는
지극히 개인적이었다. 여성 스포츠계, 여성의 운동과 관련해 불편함,
의문이 많았다. 누구를 위해서라기보다 힘을 합치면 변할 수 있다는 걸
보여 주고 싶었다.

원데이 클래스가 주를 이루는 이유는 무엇인가?

우리는 다른 스포츠 클래스 비즈니스와 조금 다르다. 편하게 스포츠를
경험할 수 있다는 지점에 초점을 맞춘다. 예를 들어, 주짓수를 처음
시작할 때는 불편하기 쉽다. 상대방과 몸을 밀접하게 대야 하는
운동이기 때문이다. 많은 여성들이 모르는 사람과 몸을 맞대는 것이
낯설고 무서워 운동을 시작조차 못 한다. 위밋업스포츠는 그 첫 시작에
자신감을 붙여 주려 한다. 직접 스포츠를 경험해 보고, 할 수 있다는
신체적 자신감을 가지면 부담 없이 운동을 시작할 수 있다. 원데이
클래스에서 재미를 붙였다면, 집 근처 도장에 등록하라고 조언한다.

운동 초보자 여성의 스포츠 경험에 초점을 맞췄다.

가장 큰 문제의식은 여성이 스포츠를 처음 경험하고 '한번 해볼 수
있는 곳'이 없다는 점이었다. 중급자, 고급자를 위한 스포츠 공간은
많다. 그런 곳은 초보자가 끼기 어렵다. 대부분 교습을 어느 정도
받아야 하는데; 첫 시작은 역시 두렵기 마련이다. 우리는 '아무것도 못

하는 사람들이 아무렇지 않은 곳'을 지향한다. 뭐든 처음 시작하면 못
하는 게 당연하지 않나. 그런데 막상 클래스를 진행하다 보니 생각보다
우리나라 여자들이 운동을 잘하더라. (웃음)

제5회 언니들 축구대회 ⓒ위밋업스포츠

과거에 비해 여성의 스포츠 참여는 이미 많이 이뤄지지 않았나?

물론 참여는 많아졌다. 레깅스 회사들도 잘 나가고, 필라테스와 요가
레슨도 인기가 많다. 그럼에도 여전히 지배적인 인식은 변하지 못했다.
특히 팀 스포츠나 다채로운 스포츠 경험에 있어서 여성은 여전히
차별받는 존재다. 남자아이들은 초등학교 입학 전후로 많은 스포츠
팀 합류를 권유받는다. 축구팀에 들어오라거나 농구를 시작해 보라는
식이다. 그런데 여자아이들에게는 그런 기회조차 없다. 여자아이들의
경우 스포츠 경험의 대부분이 체육 시간에 한정된다. 어떤 학교에
가는지, 어떤 선생님을 만나는지에 따라 평생의 팀 스포츠 경험이
결정되는 것이다. 여성의 운동은 대부분의 종목이 개인 스포츠에
한정돼 있다.

팀 스포츠 경험이 중요한 이유가 무엇인가?

팀 스포츠는 연대의 경험이다. 자랑스럽게 이기기도 하고, 억울하게 져서 울기도 하고, 승리의 기쁨에 취해 팀원들과 소리 지르는 모든 경험이 팀 스포츠에서만 가능한 경험이다. 사람들이 모여 나를 지켜보는 곳에서 게임을 하는 것도 엄청나게 소중한 경험이다. 어릴 때 부모님이 피아노 콩쿠르 나가게 하지 않나. 유사한 맥락이다. 내가 피아노를 계속 치지는 않을망정 사람들 앞에서 내 장기를 자랑했던 경험은 계속 남는다. 이 모든 경험이 큰 다음에도 작지 않은 영향을 미친다.

팀 스포츠의 경험은 어디까지 영향을 미치나?

팀 스포츠는 서로 이해해야 한다. 싸우면 팀이 와해되니, 갈등이 있어도 끌고 가야 한다. 이때 서로 격려하고, 충돌하고, 화해했던 스포츠 경험은 사회로까지 이어진다. 특히 우리나라의 경우, 조직 문화가 그렇다. 조직을 꾸준히 이어 나가려면 '왜 이렇게 못했어'라고 타박만 하는 게 아닌, 이후의 성장을 위해 함께 고민해야 한다. 그 조정과 성장의 과정에서 여성은 역시 주체가 아닌 대상이었다. 심지어는 조직을 이끄는 사람들이 '여자들은 군대 안 가서 단체 생활을 못 한다'며 깎아내리기도 한다. 군대도 일종의 단체 생활, 단체 스포츠다. 팀을 만들고 유지했던 경험, 성공과 실패의 과정 전반을 배울 소중한 기회를 많은 여성들이 놓치고 있는 셈이다.

아이들에게 직접 팀 스포츠를 가르치는 게 더 효과적이지 않나?
왜 성인을 대상으로 하나?

성인을 바꾸지 않으면 아이들은 바뀌지 않는다. 결국은 양육자가
아이들이 배워야 할 것을 결정하기 때문이다. 엄마가 스포츠를
이해하지 못하면 당연히 '여자애인데 뭣 하러 운동까지 시키겠어'라고
생각한다. 성인을 가르치는 게 가장 빠른 방법이다. 스포츠의 중요성에
모두가 공감한다면 결국 시장도 넓어질 것이고, 사업 자체도 커질
것이다.

그동안 여성은 왜 스포츠와 멀었나?

여성의 소외라는 측면 말고도 스포츠의 구조적 문제도 있다. 일단
우리나라는 생활 체육과 엘리트 체육이 명확히 분리돼 있다. 그렇다
보니 여성들에게 '운동'이란 엘리트 체육으로 인식되는 경우가 많았다.
예를 들어 럭비라는 운동을 들었을 때, 선수들이 거칠게 몸싸움을 하는
장면만 떠오르는 식이다. 그런데 럭비는 사실 그냥 뛰어 노는 스포츠에
더 가깝다. 자연스럽게 운동을 접할 수 없으니 엘리트 체육인들은
더욱더 '운동' 하나에만 인생의 전부를 바치게 되고, 일반인 여성들은
아예 시작조차 두려워한다.

럭비 클래스 현장 ©위밋업스포츠

운동을 가르치는 여성들도 눈에 띈다.

운동했던 아이들은 시야가 좁다. 평생을 운동에 희생하기 때문이다. 위밋업스포츠에서 지도자도 해보고, 강사도 해보고, 운동계 사람이 아닌 다양한 분야의 사람들을 만나면서 시야 자체를 넓히길 바랐다. 평생 가사 노동만 했거나, 갑작스레 경력이 단절된 여성의 경험과도 유사한 측면이 있다.

여자 월드컵, 여성의 프로 스포츠에 대한 관심이 뜨거웠다.

사람들이 관심을 가지는 것만으로도 다행이라는 마음이 든다. 그럼에도 여전히 한계는 명확하다. 우리나라가 처음으로 여자 월드컵에 출전한 게 2003년이다. 그 출전 당시 멤버들이 모두 실업팀 여자 감독으로 일하고 있다. 그런데 여성 스포츠, 축구를 조명하는 방송에서 감독을 맡는 사람들은 대부분 남성이다. 여성 축구팀을 떠올리면 모두 남성 감독의 얼굴을 떠올린다. 여성 감독이 설 자리는 점차 좁아진다. 여전히 스포츠에서 여성은 대상, 남성은 주체라는 인식이 팽배하다.

여성의 스포츠 참여는 세상의 어떤 문제를 해결하나?

일단 여성들끼리의 연대가 쉬워지고, 결과적으로 더 많은 조직이
다양한 시각을 갖게 될 것이다. 높은 자리에 여성이 한두 명뿐이라면
새로운 여성이 들어오는 것 자체를 경계할 수밖에 없다. '내 자리'를
빼앗긴다고 생각하게 되기 때문이다. 함께 연합해 한 자리를 더 만들면
되는데 말이다. 스포츠를 통한다면 편을 먹고, 손을 맞잡고, 서로를
돕는 경험이 익숙해진다. 여성은 그런 경험으로부터 소외돼 왔다. 이
구조적인 문제를 해결하는 데 있어 팀 스포츠는 좋은 힌트이자 단서다.

스포츠를 하면 여성의 삶은 어떻게 바뀌나?

스포츠는 나를 독립적이고 주체적인 사람으로 만든다. 사람은
단순하다. 내 몸과 신체에 대해 자신감이 붙으면 모든 행동에도
자신감이 붙는다. 몸에 에너지가 생기면 우울감도 사라지고 생각도
명쾌해진다. 나의 주장을 더 잘 전달할 힘도 생기니 결국 독립적이고
주체적인 자아가 형성된다. 많은 여자아이들은 '이 친구가 나와 놀아
주지 않으면 큰일난다'고 생각한다. 고립을 못 견디는 여자아이들이
많은데, 이 부분 역시 스포츠로 해결할 수 있다. 팀이 잠시 모였다가
흩어지는 것처럼 친구와 멀어져도 괜찮다는 편안한 마음이 생기는
식이다.

위밋업스포츠는 모험과 도전을 어떻게 정의하나?

새로운 운동을 시작하는 것 자체가 하나의 모험이자 도전이다. 한
분은 2년을 망설이다가 원데이 클래스를 신청했는데, 막상 해보시더니

'별 것 아니다'라고 말씀해 주시더라. 정말 그렇다. 막상 해보면 별 것 아니다. 스포츠를 통해 도전을 만만하게 생각하고, 모험에 용기를 가졌으면 좋겠다. 스포츠는 생각보다 많은 걸 바꾼다. ☻

왼쪽 페이지 위부터 시계 방향으로
제5회 언니들 축구대회 ⓒ위밋업스포츠
제5회 언니들 축구대회 ⓒ위밋업스포츠
제5회 언니들 축구대회 ⓒ위밋업스포츠
주짓수 수업 장면 ⓒ위밋업스포츠

롱리드는 단편 소설 분량의 지식 콘텐츠예요. 깊이 있는 정보를 담아요.
내러티브가 풍성해 읽는 재미가 있어요.
세계적인 작가들의 고유한 관점과 통찰을 만나요.

파타고니아를 개인 소유의 회사로 유지했기에 쉬나드는 그의 가치에
따라 회사를 경영할 수 있었다. 쉬나드는 자서전에 이렇게 썼다.
"회사가 살찐 송아지가 되면 이익을 위해 팔리고, 자원과 자산은
황폐화되고 산산조각이 나며, 이로 인해 가족 관계가 무너지고, 지역
경제의 장기적인 건강이 악화된다. 회사가 최단기간에 가장 높은
가격에 팔려야 하는 상품이라는 생각에서 벗어나면, 미래를 위한 모든
의사 결정이 달라진다." __ 마리사 멜처(Marisa Meltzer)

30번째 생일 밤, 술을 몇 잔 마신 딘 카르나제스(Dean Karnazes)는 샌프란시스코에서 해안을 따라 하프 문 베이(Half Moon Bay) 중심가까지 30마일(48킬로미터)을 달리며 생일을 기념하기로 했다. 울트라마라토너로서의 커리어는 그렇게 시작됐다. 카르나제스는 미국 50개 주에서 50일 연속으로 마라톤 풀코스를 50회 완주했고, 세계에서 가장 더운 지역인 데스밸리(Death Valley)를 통과하는 135마일(217킬로미터) 경주, 남극 마라톤 같은 익스트림 대회에 참가했다. 81시간 44분 동안 잠도 자지 않고 350마일(563킬로미터)을 달리기도 했다. 그의 장거리 달리기 업적을 담은 자서전《울트라마라톤 맨》은 베스트셀러에 올랐다. 그의 초인적인 노력을 노스페이스(The North Face)가 후원했다. 비디오 강의에서 그가 착용한 키트를 제작한 회사였다.

샌프란시스코만에 본사가 있는 아웃도어 의류 회사 노스페이스는 등산, 백패킹, 러닝, 스키 의류나 장비를 판매한다. 노스페이스 매장은 얼음으로 뒤덮인 봉우리를 오르거나, 초원을 달리는 사람들의 거대한 사진으로 장식돼 있다. 이 브랜드의 가치는 그들이 후원하는 전문적인 선수들에게 있다. 대중적으로 널리 알려지지 않았지만 자기 분야에서 칭송받는 — 에베레스트를 7회 등정한 피트 에단스(Pete Athans), 카르나제스 같은 — 사람들이다. 노스페이스는 한계에 도전하는 탐험이라는 신념을 판다. 장거리를 달리든, 미등반 암벽을 오르든, 영하의 온도에서 야외 취침을 하든 말이다. 브랜드 슬로건은 'Never stop exploring(멈추지 않는 탐험)'이다("실제로 우리는 화성 우주복 개발이나 그런 류의 것들에 대해 파트너십 제안을 받아 왔습니다." 한 홍보 담당자가 최근 내게 말했다).

'모험'이라는 영리한 마케팅은 호황인 아웃도어웨어 시장에서 노스페이스를 지배적인 사업자로 만들어 놓았다. 그들은 미국에서만 40억 달러를 벌어들이고 있다. 대중에게 야생의 전율을 판매하는 경쟁에서 노스페이스의 라이벌은 유래와 역사가 매우 밀접하게 엮여 있는 회사, 파타고니아(Patagonia)다.

격렬한 운동을 주말에 몰아서 하는 이들이 노스페이스의 타깃 고객이라면, 파타고니아는 험준한 산에 올라 신선한 공기를 마시고 경관을 감상하기를 좋아하는, 좀 더 여유로운 영혼의 소유자들을 겨냥한다. 파타고니아의 정신은 창업자 이본 쉬나드(Yvon Chouinard)의 회고록이자 경영 철학서인 《파도가 칠 때는 서핑을(Let My People Go Surfing)》에 집약되어 있다. 이 책은 2016년에 작가 나오미 클레인(Naomi Klein)의 서문과 함께 10주년 기념 에디션으로 재발행되었다. 책에는 자연과 다정한 교감을 나누는 사람들의 풍성한 컬러 사진들이 담겨 있다. 이 책을 보는 것은 삶을 고양하는 아웃도어의 세계로 뛰어들어 밤마다 모닥불 주변에 둘러앉아 영웅담을 나누는 것이다.

다른 조(兆) 단위 스포츠 브랜드들과 달리, 두 회사는 공이나 배트를 팔지 않는다. 그들은 팀 스포츠를 다루지 않는다. 대신 그들은 대자연의 매력을 판매하며, 한두 명의 친구와 함께 야생을 탐험할 때 필요한 기술적으로 진보된 장비들을 제공한다(혼자가 더 좋다면 2016년 겨울 파타고니아 카탈로그의 표지를 보라. 스키를 한 팔에 안고 오토바이를 타고 있는 남성이 길을 건너는 다람쥐를 보며 웃고 있다).

2016년 겨울 파타고니아 카탈로그의 표지 ⓒ사진: Patagonia

　　파타고니아와 노스페이스는 지구력을 요하는 스포츠의 매력이
첨단 기술을 자랑하는 장비를 갖추는 것과 관련이 있다는 것을
알고 있다. 그들은 마케팅을 통해 진정한 모험에는 최고의 장비가
필요하다고 암시한다. 혹독한 환경에서 견딜 수 있고 평생 사용하도록
고안된 최상급 장비는 저렴하지 않다. 노스페이스의 인페르노(Inferno)
침낭은 729달러(약 100만 원)인데, 영하 40도의 추위에서도 체온을
유지해 준다. 천연고무를 사용한 파타고니아의 후드 잠수복은
529달러(70만 원)인데, 영하의 수온에도 입을 수 있다.

　　두 회사 모두 그들의 주 고객이 북극 탐험을 떠나는 탐험가가
아니라는 사실을 알고 있다. 진짜 돈은 상대적으로 모험적이지
않은 삶을 사는 도시인들에게 하드코어 아웃도어용 제품을 파는
데서 나온다. 대부분의 사람들은 자전거를 타고 쇼핑을 하고

강아지와 산책을 하는 등 일상생활에서 노스페이스와 파타고니아의 장비를 착용한다. "백팩을 메고 학교에 갈 수도 있습니다. 하지만 노스페이스라는 이유만으로 요세미티에 와 있는 느낌이 들 거예요." 딘 카르나제스가 내게 말했다. "무언가를 갈망하는 요소가 정말 큰 부분이죠."

그것이 바로 큰 수익을 올리는 판매 전략이다. 노스페이스는 2016년 전 세계 200개 매장에서 23억 달러(2조 5990억 원)의 매출을 기록했다. 파타고니아는 그보다 작지만 급속히 성장하고 있다. 파타고니아는 2016년에 8억 달러(9040억 원)를 벌어들였는데, 2010년 매출의 두 배에 달한다. 미국 29개 매장, 일본 23개 매장, 프랑스의 스키 리조트 지역 샤모니(Chamonix) 등지의 매장에서만 얻은 수입이다.

노스페이스는 2미터짜리 텐트를 5500달러(738만)에 팔고 파타고니아는 플라이 피싱용 장화를 629달러(84만)에 팔고 있지만, 두 회사에서 가장 인기 있는 상품은 일상복이다. 방수 파카, 레깅스, 플리스(fleece·양털처럼 부드러운 직물의 스웨터 또는 재킷), 그리고 가장 중요한 푸퍼 재킷(puffer jacket·짧은 패딩 재킷)이다. 캐나다에 20개 매장이 있는 아웃도어 브랜드 마운틴 이큅먼트(Mountain Equipment Co-Op)의 제품 책임자 제프 크룩(Jeff Crook)은 말한다. "모든 사람이 검정색 푸퍼 재킷을 재해석하고 재창조하려 애쓰고 있습니다. 산 정상에서 입든 버스 정류장에서 입든 상관없이 말이죠."

두 회사의 주력 재킷들은 수십 년 동안 기술적 개선을 거듭해 점점 따뜻해지고 내구성이 강해지고 무게는 가벼워졌다. 최신 모델들은 추위와 습기를 막고 보온과 통기가 되도록 설계되었다. 그래서 절벽을 기어오르는 동안에도 과열되지 않는다. 파타고니아의 나노 에어 제품(249달러·33만 원)은 누비로 되어 있지만 많이 두껍지 않은

방수 재킷이다. 타사에서 개발한 충전재를 사용했는데, 2014년 이
충전재가 출시됐을 때 파타고니아는 '혁신적'이라는 표현을 사용했다.
노스페이스의 써모볼(Thermoball·199달러, 한화로 26만 원)은 자체
개발한 충전재를 사용하는데, 섬유 덩어리가 열을 가두는 방식이다.
두 재킷 모두 등반에 적합하지만, 아이들을 공원에 데려가는 동안
따뜻하게 하기 위한 목적으로 더 많이 소비된다.

두 회사는 적어도 공식적으로는 서로를 경쟁자로 여기지
않는다. 그러나 같은 유형의 소비자에게 같은 종류의 물건을
판매한다는 사실과는 별개로, 두 회사는 꽤 많은 역사를 공유하고
있다. 노스페이스의 공동 창업자 더그 톰킨스(Doug Tompkins)와
파타고니아의 창업자 이본 쉬나드는 탐험에 있어 평생의 친구이자
형제였다. 두 사람은 자신만의 특별한 장비를 만들기 시작했고,
아웃도어 의류를 파는 회사를 설립했으며, 사무실 근무를 굉장히
불편해했고, 회사 운영에 여전히 거북함을 느낀다.

1975년 여름 미국 오리건주 후드산(Mt. Hood)에서 빙벽 등반을 강의하는 이본 쉬나드

이본 쉬나드는《파도가 칠 때는 서핑을》의 서문에 이렇게
썼다. "나는 거의 60년 동안 비즈니스맨이었다. 그 말을 입에 담는
것이 알코올 중독자나 변호사임을 인정하는 일만큼이나 어려웠다."
두 사람은 오염되지 않은 황무지를 탐험하는 즐거움을 알리면서,
하이킹이나 클라이밍 같은 아웃도어 활동을 대중화하는 데 집중했다.
그런 활동이 이어지면 자연이 조금 덜 훼손될 것이라 생각했다.

전문가 수준의 장비를 전문적으로 사용할 의도가 없는 사람에게
판매하는 것은 마케팅에서 완전히 새로운 방법은 아니다. SUV
차량이나 디지털카메라, 헤드폰 제조사들도 그렇게 한다. 육상 선수
모하메드 파라(Mo Farah)가 광고하는 나이키 운동화를 산 대부분의
사람들이 장거리 육상을 하는 데 그 신발을 신지는 않는다.

그러나 노스페이스와 파타고니아는 더 중대한 역설과 씨름하고
있다. 바로 현시대의 소비 지상주의다. 우리는 우리가 구입하는
물건에 대해 도덕적으로 옳다고 느끼기를 원한다. 두 회사는 단지
윤리적이고 친환경적이라는 것 이상의 이미지를 만들어 왔다. 재킷을
팔고 돈을 벌면서도 지구를 지나치게 해치지 않으려 한다는 단순한
생각이 아니라, 자연과 모험, 탐험에 관한 장대한 신념을 만들었기
때문에 경이적인 성공을 거둘 수 있었다. 그러나 역설적이게도 이런
노력이 판매 증가로 이어지고 있다. 바꿔 말하자면 두 회사는 더 많은
물건을 팔거나 세상을 더 많은 물건으로 채우려고 지나치게 애쓰지
않음으로써 더 많은 물건을 팔고 있다.

진정성의 문제라 할 수도 있을 텐데, 두 회사는 많은 유사성에도
불구하고 문제 해결에 근본적으로 다른 접근을 하고 있다.

경제적 가치가 없다는 것에 자부심을 가지다

더그 톰킨스와 이본 쉬나드는 대자연에 빠진, 일종의 낙오된
청소년이었다. 둘은 20세기 중반 미국 서부에서 클라이밍과 서핑에
심취했다. 유명 등반가이자 탐험가인 릭 리지웨이(Rick Ridgeway)에
따르면 1950~1960년대에 클라이밍은 '사회 부적응자 같은 소수의
별종들이나 하는 별난 스포츠'였다. 《롤링 스톤(Rolling Stone)》
매거진에서 '현실의 인디아나 존스'라 불렀던 릭 리지웨이는 톰킨스와
쉬나드의 오랜 친구이자, 현재 파타고니아에서 대중 소통 부문
부사장을 맡고 있다.

노스페이스와 파타고니아는 가이드북이 없는 외딴곳을 탐험하는
데 그들의 뿌리를 두고 있다. 그 시절 부패하지 않은 자연으로 돌아가
캠프파이어 옆에서 헨리 데이비드 소로(Henry David Thoreau)의 책을
읽는 것은 초기 대항문화와 잘 어울렸다. 쉬나드는 《파도가 칠 때는
서핑을》에서 이렇게 밝혔다. "우리는 암벽이나 빙하를 오르는 것이
사회에서 경제적 가치가 없다는 사실에 특별한 자부심을 가졌다."

톰킨스는 1966년 샌프란시스코 노스 비치(North Beach) 인근에
노스페이스 첫 매장을 열고 등산 장비를 팔았다. 록 밴드 그레이트풀
데드(Grateful Dead)가 개점 축하 공연을 했고, 가수 조안 바에즈(Joan
Baez)와 그녀의 동생인 사회 활동가 미미 파리냐(Mimi Farina)가
등장하는 패션쇼가 열렸다.

캘리포니아 남부에서 '요세미티 등반의 황금기'를 이끈 선구자
중 한 명인 쉬나드는 1950년대 후반에 자신의 장비를 만들기 시작했다.
처음에 그는 바위 표면에 망치로 박은 뒤 뽑아서 재사용이 가능한
피톤(piton·암벽 등반에 쓰이는 쇠못)을 만들었다. 이후 등반로 훼손을
막기 위해 피톤 대신 암벽 틈 사이에 손으로 끼워 흔적을 남기지 않는

알루미늄 초크를 고안했다. 당시 그의 열망은 가능한 한 적은 손상을 남기는 것이었다. 암벽 등반가인 더그 로빈슨(Doug Robinson)은 이를 '자연인을 위한 오가닉 클라이밍'이라 불렀다.

두 사람은 1960년대 중반에 만났는데, 그때 톰킨스는 노스페이스를 통해 쉬나드의 장비를 유통했다. 그들이 우정을 쌓던 초기, 둘은 캘리포니아로 급류 카약 여행을 떠났고, 그 여행에서 쉬나드는 얼굴에 15바늘을 꿰매는 부상을 입었다. 1968년 둘은 캘리포니아 벤투라(Ventura)에서 포드 이코노라인(Econoline) 밴을 타고 칠레와 아르헨티나 사이의 외딴 지역, 파타고니아로 갔다.

그해 톰킨스는 노스페이스의 지분을 5만 달러(5655만 원)에 팔고, 당시 아내였던 수지(Susie)와 함께 샌프란시스코에 기반을 둔 캐주얼웨어 브랜드 에스프리(Esprit)를 세웠다. 스포츠웨어의 힙한 버전인 에스프리는 1980년대 스타일을 주도했다. 이후 톰킨스는 환경 운동을 촉구하는 빌 디벌(Bill Devall)의 《Deep Ecology: Living as if Nature Mattered》를 읽고, 의류 산업을 떠나 환경 보호에 전념하기로 한다. 1990년 에스프리가 매각될 당시 연간 매출은 10억 달러(1조 1310억 원)였다.

쉬나드 역시 등산 장비에서 시작한 사업을 확장해 나갔다. 등반 의류를 수입하기 시작했고, 1973년 파타고니아라는 새로운 회사를 설립했다. 초창기 직원 중 한 명인 크리스 맥디비트(Kris McDivitt)는 활강 스키 선수였다. 그녀는 파타고니아의 총괄 매니저를 거쳐 CEO에 올랐다. 이후 이혼한 톰킨스를 만나 1993년 결혼했는데, 두 회사의 결합이 이루어진 셈이다. 이 커플은 자연을 보존하는 데 모든 시간을 쏟으며 살기 위해 파타고니아에 있는 220만 에이커(27억 평)의 땅을 사들였다. 그들은 이 야생 지역을 보호하는 계획을 세웠는데, 이를 위해 톰킨스가 야생을 탐험하고 싶어 하는 사람들의 열정에 불을 지펴 얻은 돈을 이용했다.

기업의 사회적 책임

의류 산업이 환경을 해치고 있다는 인식에 대한 톰킨스의 대응은
회사를 팔고 지구를 구하기 위해 직접적인 행동에 나서는 것이었다.
그와 대조적으로 쉬나드는 회사를 개인 소유에 두고 환경 파괴를
최소화하는 방법으로 운영하기로 했다. 달성이 거의 불가능한 임무이자
스스로를 짓누르는 무거운 짐이었다. 《파도가 칠 때는 서핑을》에서
그는 말한다. "우리가 아무것도 하지 않으면 항상 악마가 승리한다."

물건을 만들어 팔면서 동시에 도덕적 우위를 차지하는 것은 릭
리지웨이가 매우 중요하게 생각하는 도전이다. 릭 리지웨이는 말한다.
"우리의 첫째 미션은 최고의 제품을 만들되 불필요한 환경 피해를
유발하지 않는 것이고, 두 번째는 본질적으로 덜 나쁜 일을 하는
것이다. 우리는 가능한 한 작은 발자국을 남기는 상품을 만들겠지만,
그래도 흔적은 남는다."

급진적인 환경주의자 에드워드 애비(Edward Abbey)의 명언
"성장을 위한 성장은 암세포의 이데올로기다"에 반대하지 않을 두
사람에게, 윤리적인 사업이란 거의 불가능한 도전이거나 모순이다.
결국에는 버려질 물건으로 세상을 채우는 것은 지구에 해롭다. 모든
종류의 아웃도어 문화를 대중화하는 것은 자연의 아름다움을 간직한
특정 장소에 도움이 될 리 없다. 사람들로 넘쳐날 수 있기 때문이다.
성장과 이익과 소비의 풍조는 인류와 지구 건강을 생각할 때 지속
불가능하다.

27년 이상 파타고니아에서 근무한 질 두메인(Jill Dumain)
환경 전략 책임자는 회사가 옳은 일을 하려고 노력한 모든 방법을

곧바로 열거했다. 예를 들어 1990년대에 유기농 순면만 사용하기로 했다거나, 2013년에 학대받지 않은 거위 털을 사용하기로 한 결정들이다(노스페이스는 2014년에 이 운동에 동참했다). 또 재활용 지퍼나 단추를 찾기가 쉽지는 않지만 합성 물질을 가능한 한 재활용품으로 대체하려고 노력했다. 사회적으로는 협력 관계인 직물 공장과 봉제 공장 같은 공급 체인의 공정 무역에도 매진하고 있다. 파타고니아는 이런 변화를 원하지 않거나, 수행할 능력이 없는 공급 업체와는 결별했다. 거의 강박적인 수준으로 검수하기로 하면서 생긴 문제들이다. '투명한' 기업이라는 개념이 매우 과하게 쓰이고 있지만 파타고니아의 경우에는 정확히 들어맞는다.

쉬나드와 리지웨이는 이방인으로 나이를 먹어 갔다. 그들은 2010년 다큐멘터리 〈180 Degrees South: Conquerors of useless〉에 유쾌하고 기이한 오랜 친구로 출연했다. 다큐멘터리는 작가이자 사진가인 한 남성을 쫓아가는데, 그는 이제는 전설이 된 그들의 1968년 캘리포니아에서 칠레까지의 여행을 추적한다.

그들의 모험은 2015년 12월까지 계속됐다. 쉬나드, 리지웨이, 톰킨스와 세 명의 다른 친구들은 칠레 남부로 5일간 카약 여행을 떠났다. 겉보기에는 험하지 않은 여정이었다. 당시 리지웨이는 67세, 톰킨스는 72세였다. 둘은 카약을 같이 탔고, 큰 파도에 휩쓸려 카약이 뒤집혔다. 수온은 4도였다. 여섯 명의 남자들은 순찰 보트와 헬리콥터에 의해 구조되었지만, 톰킨스는 심각한 저체온증에 시달렸다. 그날 밤 그는 병원에서 숨을 거두었다.

"더그는 본능적으로 권위적인 걸 싫어했고, 항상 규칙을 깨는 걸 좋아했다"라고 쉬나드는 썼다. 오랜 친구에 대한 진심 어린 헌사였다. 쉬나드의 책을 보면 쉬나드는 성격이 고약하고 노련한 구세대에다, 세상 모든 이들이 신뢰가 부족하다며 끊임없이 한탄하는 사람이라는 인상을 풍긴다. 두메인은 "쉬나드는 세상에서 가장 비관적인 사람임을 자처한다"고 말한다.

쉬나드와 그의 아내 말린다(Malinda)는 벤투라와 그들의 오래된 집이 있는 잭슨 홀(Jackson Hole)에서 시간을 보낸다. 잭슨 홀은 와이오밍주에 있는 숲속 리조트 타운인데, 지금은 슈퍼 리치들의 유원지로 알려져 있다. 해리슨 포드(Harrison Ford), 산드라 블록(Sandra Bullock), 딕 체니(Dick Cheney) 같은 유명인들이 그곳에 집을 갖고 있다.

파타고니아 직원들은 종교 지도자에게 품을 법한 열성을 가지고 쉬나드에 대해 이야기한다. 동시에 그를 다소 변덕스러운 천재로 보는 듯한 느낌도 있다. 로즈 마카리오(Rose Marcario) 파타고니아 CEO의 말이다. "그는 늘 그렇듯 대부분의 시간을 야외에서 보냅니다. 대개 낚시를 하거나 아이들에게 낚시하는 법을 가르치죠." 내가 전화를 할 때마다 그는 항상 어디론가 떠나 있었다. 그가 정확히 어디에 있는지는 아무도 몰랐다.

파타고니아를 개인 소유의 회사로 유지했기에 쉬나드는 그의 가치에 따라 회사를 경영할 수 있었다(파타고니아는 사회적, 환경적 책임을 다하는 기업에만 부여되는 B-Corp 인증 기업이다). 쉬나드는 자서전에 이렇게 썼다. "회사가 살찐 송아지가 되면 이익을 위해 팔리고, 자원과 자산은 황폐화되고 산산조각이 나며, 이로 인해 가족 관계가 무너지고, 지역 경제의 장기적인 건강이 악화된다. 회사가 최단기간에 가장 높은 가격에 팔려야 하는 상품이라는 생각에서 벗어나면, 미래를 위한 모든 의사 결정이 달라진다."

노스페이스를 포함해 파타고니아의 경쟁사 대부분은 주주들이 이끄는 공개 기업이다. 마카리오는 말한다. "파타고니아의 미션과 가치는 완전히 다릅니다. 우리가 사랑하고 즐기는 야생 공간을

보존하고 보호하는 데 우리가 얼마나 많은 영향을 미칠 수 있는지,
사업으로 세상을 변화시키는 데 얼마나 많은 영향을 미칠 수 있는지가
우리의 미션과 가치입니다."

톰킨스는 자연을 지키기 위해 사업을 그만뒀지만, 쉬나드는
성공적인 사업이 되려면 무엇이 필요한지에 대한 고민을 멈추지
않을 사람으로 보인다. 저서에서 쉬나드는 말했다. "파타고니아는
사회적으로 완전한 책임을 질 수 없을 것이다. 완벽하게 지속 가능하고
자연을 훼손하지 않는 제품을 만들 수는 없을 것이다. 그러나 우리는
그렇게 하려고 노력하고 있다."

벤투라에 있는 파타고니아 본사 ⓒPatagonia

이 재킷을 사지 마세요

파타고니아의 본사는 벤투라에 있다. 산타 바바라(Santa Barbara)와
로스앤젤레스 사이에 있는 캘리포니아 남부의 작은 해변 마을이다.
건물 규모는 5.5에이커(6733평)인데, 전 세계 파타고니아 매장에서
대부분 볼 수 있는 상징색인 황토색으로 칠해져 있다. 어린이집을 위한

큰 운동장도 있다. 미국에서는 보기 드문 직원 복지인데, 파타고니아는 아이 친화적인 철학에 대한 책을 내기도 했다. 파타고니아는 비교적 적은 인원만 고용하는 대신 직원들의 모든 것을 돌보는 데 자부심을 가진다.

파타고니아 캠퍼스에는 바나나 나무, 활짝 핀 용설란, 자카란다 나무가 있기는 하지만, 북유럽에 와 있는 듯한 기분을 느끼게 하는 것들이 있다. 태양 전지판이나 직원들이 사용하는 서프보드 더미, 시골뜨기라고 쓰여 있는 번호판이 달린 자동차가 있다. 사무실에는 빈백과 짐볼이 있고, 구내식당은 유기농 케일 블랙베리 샐러드를 제공한다. 쉬나드가 등반 장비를 만들던 대장간도 있다. 1970년대에서 멈춘 모습이라 더 이상 사용되지 않는 것 같지만, 여전히 쉬나드가 종종 들러 그곳을 손본다고 한다.

좋은 일을 하기 위한 과시적인 노력도 눈에 띈다. 인사 담당 부사장인 딘 카터(Dean Carter)가 내게 말했다. "어느 날 계단을 내려가는데, 보도 곳곳에 종이가 있었어요. 종이 위에 화살표와 함께 이런 글이 적혀 있었어요. '조심할 것. 나비 번데기가 있음'"

이런 유별난 이타성이 신경에 거슬린다면 파타고니아에서 일하기 어렵다. 그런데도 회사는 환경 의식이 있는 공상적인 박애주의자만을 고용하는 것은 아니라고 말한다. 카터가 말했다. "특정한 유형의 사람만 뽑는다면 무슨 사교 집단 같겠죠. 하지만 우리는 완성된 퀼트(quilt)가 아니라 실을 찾고 있어요. 환경을 보살피는 실, 아웃도어를 돌보는 실, 가족과 협력, 일에 관심을 기울이는 실을 찾는 거죠."

꼭 광신적이라고만 할 수는 없지만 파타고니아 직원들은 사내 결혼을 많이 한다. 가족 구성원이 함께 일하는 경우도 더러 있다. 실제로 부사장 카터의 딸은 접수 담당자로 일한다.

대중적 이미지를 개선하려는 회사들은 윤리적인 매력이 회사에 미치는 영향을 확인하기 위해 파타고니아를 방문한다. 코카콜라는 팀을 꾸려 남아프리카에서 날아왔다. 심지어 2012년 동성 결혼에 공개적으로 반대 의사를 표명한 미국 패스트푸드 체인 칙필레(Chick-Fil-A)도 파타고니아를 찾았다. 이 얘기에 놀라움을 표하자 카터가 말했다. "나도 그랬어요. 그래서 그들이 와도 되는지 물었을 때 진심인가 싶었어요. 우리가 그들의 가치에 공감하지 않는 것은 분명하지만, 그들에게도 그들만의 특별한 문화가 있습니다. 친절하고 따뜻한 사람들이었어요."

안경을 파는 스타트업 와비파커(Warby Parker)의 공동 창업자인 닐 블루멘탈(Neil Blumenthal)이 왔을 때, 그는 연구 개발에 얼마나 많은 노력이 들어가는지 접하고 감명을 받았다. 그는 파타고니아가 세계 각지에서 내리는 비를 모방한 다양한 종류의 알칼리성 물로 비옷을 테스트하는 방식을 언급했다. 그러나 그에게 정말 충격을 준 것은, 파타고니아 임원 두 명과 만난 장소였다. "회의실이 아니라 해변을 걸으며 미팅을 했어요. 그들에게는 꽤나 일상적이었겠지만 나에게는 정말 특별했습니다."

리지웨이는 대중 소통 부문 부사장으로서 콘퍼런스나 대학에서, 본사를 방문하는 타사 경영진에게 회사를 소개한다. 그는 방문객을 맞이하는 과정을 다음과 같이 설명했다. "방문객들은 투어를 합니다. 우리는 함께 걸으며 우리의 가치와 그 가치를 지키며 사는 법에 대해 이야기합니다. 우리 지역에서 수확한 유기농 음식을 먹으며 질문에 답하고 대화를 나눕니다. 그러고 나서 그들의 이야기는 무엇인지 궁금해하죠."

파타고니아에서는 자연스러운 삶의 방식이지만 외부인에게는 다소 피곤한 소리로 들릴 수도 있다. 리지웨이는 "우리는 오만한

배타성을 띠고 싶지는 않습니다"라면서도 파타고니아에 굳이 초대하고 싶지 않은 유형의 고객을 묘사했다. 바로 에베레스트를 과시하기 위해 오르는 사람들이다. 이들은 부유한 모험가들인데, 일정 부분 파타고니아에 영향을 받아 등반에 이끌렸다. 그런 영향력을 쉬나드는 무척 후회하고 있다. 리지웨이는 말한다. "가이드가 있는 등반에 10만 달러(1억 1305만 원)를 지불한 사람은 셰르파가 짐과 산소통을 대신 짊어지고 목숨을 담보로 개척하고 수정한 루트를 따라 올라갔다 내려와서 에베레스트를 등반했다고 말합니다. 우리와는 맞지 않죠. 우리는 이런 얘기를 서슴지 않습니다."

파타고니아는 진정성을 추구하기 위해 쇼핑몰 입점을 지양하고 지역 사회의 의미 있는 공간에 자리를 잡는다. 뉴욕 맨해튼에 있는 4개 매장 중 한 곳은 바우어리(Bowery)가에 위치하는데, 과거 펑크 클럽 CBGB가 있던 자리 바로 옆이고, 지금은 그곳에 존 바바토스(John Varvatos) 부티크가 있다. 그들은 기업이 물건을 팔면서도 어디까지 윤리적일 수 있을지에 대한 한계에 도전하는 것에 자부심을 가진다. 좋은 제품, 윤리적 노동과 생산, 부채 제로, 심지어 쉬나드의 책에 나온 대로 '한 푼을 더 벌기 위해서가 아니라 공정한 몫을 지불하기 위한' 세금 전략이 바로 그것이다.

파타고니아는 이런 모순을 지나치게 의식하고 있다. 스스로를 곤경에 빠트릴 정도다. 2011년 미국 최대 쇼핑 행사인 블랙 프라이데이에 파타고니아는 플리스 재킷의 사진을 담은 광고를 냈다. 거기에는 '이 재킷을 사지 마세요(DON'T BUY THIS JACKET)'라는 문구가 적혀 있었다. 이 광고는 소비자들이 구매를 줄이도록 권유하고, 장비를 수리하거나 더 이상 필요하지 않은 물건을 재활용하도록 유도했다(파타고니아의 네바다주 리노 캠퍼스에는 북미에서 가장 큰 장비 수리 시설이 있다). 그러나 광고는 역효과를 불러왔다.

파타고니아의 블랙 프라이데이 판매액이 이전 해 대비 30퍼센트 이상
증가했다. 그들이 기대했을 반(反)세일 문구는 오히려 소비자들이
재킷을 더 사고 싶도록 만들었다.

2011년 11월 25일 《뉴욕타임스》에 실린 파타고니아 광고

파타고니아는 새로운 시장으로 사업을 확장할 때도 재정
여건과 함께 도덕적 책임을 고려한다. 2013년 파타고니아는 환경적,
사회적으로 책임 있는 스타트업에 투자하는 벤처 펀드를 조성했다.
2012년에는 '파타고니아 프로비전(Patagonia Provisions)'이라는 식품

회사를 설립했는데, 버펄로 육포와 훈제 연어, 그리고 2016년 10월부터 컨자(kernza)라는 1년 내내 재배 가능한 곡물로 만든 맥주를 판다. 로즈 마카리오에 따르면 아이들에게 유기농과 비(非)GMO 식품을 먹이고 싶은 어머니들이 주요 고객이다. 그녀는 새로운 식품 부문이 회사에 '완전히 새로운 유형의 소비자'를 데려왔다고 말한다.

아웃도어웨어와 패션 브랜드 사이의 딜레마

샌프란시스코에서 만을 가로지르면 나타나는 앨러미다(Alameda)의 노스페이스 본사에도 친환경적이고 낭비를 줄이는 것에 대한 비슷한 집착이 있다. 2016년 여름 그곳을 찾았을 때, 나는 2011년에 회장이 된 토드 스파레토(Todd Spaletto)와 친환경적인 방식으로 양식된 연어를 점심으로 먹었다. 우리가 식사를 한 빌딩은 재활용 청바지를 이용해 단열 처리되었고, 퇴비통과 태양열 전지판, 전기차 무료 충전소가 있었다. 커다란 빌딩 하나는 평생 품질 보증에 따라 옷을 수선해 주는 작업장으로 사용되고 있었다. 식사를 하는 동안 잔디 위에서 크고 복잡해 보이는 육각 텐트를 테스트하는 사람들이 보였다.

노스페이스 캠퍼스를 방문한 사람들은 파타고니아 본사에서와 같은 스포티한 느낌을 받는다. 그러나 파타고니아의 건강한 '소울 서퍼' 분위기 대신, 노스페이스에는 엘리트적 운동주의가 있다. 설비가 좋은 체육관에서 직원들이 고강도 체력 훈련과 민첩성 훈련을 하거나, 딘 카르나제스가 전날 무리를 이끌고 강변을 뛰었다는 이야기처럼 말이다.

"일을 시작한 지 얼마 안 됐을 때였어요. 누군가와 대화를 나누는데, 주말에 뭘 할 거냐고 묻더군요." 스파레토가 미소를 지으며 회상했다. "하프마라톤에 나갈 거라서 너무 기대된다고 했어요. 그랬더니만 이러더라고요." 스파레토는 아이들에게 영감을 불어넣는 듯한 어조로 말했다. "좋네요. 누구에게나 처음은 있죠!"

　　최근 노스페이스는 더욱 젊고 일반적인 고객에게 집중하고 있다. 이들이 하이킹을 할 때 주된 관심사는 캠프파이어 주변에서 맥주를 마시는 것이다. 스파레토는 말한다. "왜 젊은 밀레니얼 고객이 야외로 나갈까요? 그들은 다른 무엇보다 한 가지에 가치를 둡니다. 친구들과 함께하는 진정한 체험의 순간이죠."

　　이런 젊은 고객들은 아예 하이킹을 건너뛰고 곧장 맥주를 마시러 가기도 한다. 노스페이스는 아웃도어웨어 브랜드인 만큼이나 패션 브랜드로도 자리 잡고 있기 때문에 새로운 딜레마가 발생한다. 평범한 고객들은 스타일과 전문 장비를 소유하는 진정성 모두에 이끌리지만, 장비의 기술적 유용성을 너무 크게 알리면 더 이상 패셔너블하지 않게 된다.

　　노스페이스의 수석 제품 책임자 수미 스콧(Sumie Scott)의 말이다. "아웃도어 산업은 밀봉된 이음새나 테이핑 처리가 된 지퍼 같은 기술을 외부에 선보이는 것에 자부심을 가져왔습니다. 그게 이 산업의 핵심이고, 모두가 그렇게 합니다. 그러나 점점 더 많은 젊은 고객들이 기술이 숨겨지길 원하고 있어요. 이것이 바로 과제입니다. 어떻게 해야 기술이 존재한다는 걸 알게 할 수 있을까요?"

　　"노스페이스가 추구하는 것은 성능의 극한입니다." 10년 전 노스페이스에서 상품 전시를 담당했고 이후 프라다(Prada), 오프닝 세리머니(Opening Ceremony), 와비파커에서 일한 캐시 비진(Cathy Begien)은 말한다. "그들은 내가 에베레스트나 암벽 등반 이미지를 사용했다고 말하겠지만, 나는 아침 8시의 쇼핑몰에 있었고 사람들은 유모차를 끌고 있었어요. 산악인이나 울트라마라토너가 이 제품을 원하는지 원하지 않는지 고객은 관심도 없어요. 연휴 시즌은 등반이나 래프팅에 대해 말할 필요 없이, 전형적인 쇼핑몰 고객들이 이해할 수 있는 방식으로 재킷들을 보여 줄 수 있는 유일한 시간이었어요. '이 제품은 당신을 따뜻하게 해줄 거고, 이건 더 따뜻하게 해줄 거고, 이건 가장 따뜻하게 해줄 거예요'라고 말이죠."

노스페이스 장비의 높은 가격은 높은 기대치를 만든다. 2008년 금융 위기 때 기자직을 잃고 뉴욕 교외의 노스페이스 아울렛에서 일한 저널리스트 케이틀린 켈리(Caitlin Kelly)는 말한다. "세심한 서비스를 기대하는 상당히 부유한 고객이 있어요. 루이비통이나 구찌에서 일하는 것처럼 행동해야 하죠." 이후 그녀는 자신의 경험을 담은 《Malled》라는 책을 펴냈다. "길고 좁은 매장이었어요. 매장에 들어오면 절반은 패션이고, 절반은 에베레스트 등반에 관한 거죠. 쇼핑객에게는 굉장히 혼란스럽죠."

노스페이스는 스타일과 모험을 모두 원한다. 마니아층이 있는 스케이트보딩 브랜드 슈프림(Supreme)과 함께 슬리퍼와 푸퍼 재킷을 공동 작업했다(가수 드레이크(Drake)는 2011년 싱글 〈the Motte〉 뮤직 비디오에서 그 컬렉션의 재킷을 입었다). 전문 기술 장비를 만드는 사람들 사이에서는 에베레스트 캠프4에 오르려는 것처럼 보이지 않는 디자인을 만드는 것이 유행이다. 동시에 명품 디자이너들은 아웃도어 제품에 영감을 받은 아이템을 점차 선보이고 있다. 패트릭 에르벨(Patrik Ervell), 스티븐 알란(Steven Alan), 루이비통은 파타고니아의 레트로X처럼 보이는 플리스 재킷을 디자인했다. 발렌시아가의 3000달러짜리 파카 덕분에 푸퍼 재킷은 패션 잡지 표지에 등장하기 시작했다.

멋있게 보이면서 동시에 모험심을 드러내려는 욕망은 최근 몇 년 사이 스포츠웨어 업계의 가장 큰 트렌드와 관련이 깊다. 운동과 일상 모두에 적합하게 디자인되었고 성능을 주장하기보다 제안하는 '애슬레저(athleisure·athletic과 leisure를 합한 말)'가 부상하면서,

노스페이스와 슈프림의 공동 작업 ⓒ사진: Patagonia

갭(The Gap)에서 만들었든 알렉산더 왕(Alexander Wang)에서
만들었든 레깅스는 여성에게 가장 인기 있는 스포츠용 실내복(또는
실내용 스포츠복)이 되었다. 레깅스는 여성이 가장 선호하는
캐주얼웨어로 데님을 대체했다. 영국 스포츠웨어 시장은 애슬레저의
등장에 힘입어 2020년까지 80억 파운드(11조 6320억 원)를 넘어설
것으로 전망된다. 노스페이스와 파타고니아는 고지대 캠핑이나 오픈
워터 다이빙(강이나 바다에서 하는 잠수)을 위한 장비뿐만 아니라
레깅스, 운동복, 티셔츠, 그 밖에도 평상시에 입기 좋은 온갖 종류의
제품을 팔고 있다.

　　노스페이스에게 운동은 도시의 도덕적 의무와 같다.
파타고니아의 재활용과 비슷한 느낌이다. 자연을 보살피는 동시에
자신을 돌보는 것이다. 노스페이스는 지구를 보호한다는 점에서
파타고니아와 같은 정신을 명목상 공유하지만, 공개된 상장 회사이기
때문에 이익을 극대화해야 한다. 그래서 느린 성장을 선언한다거나
'이 재킷을 사지 마세요' 같은 광고를 기대할 수는 없다. 2016년 10월
노스페이스가 3분기 매출이 1퍼센트 떨어졌다고 발표한 이후, 그해
여름 나와 점심을 함께했던 스파레토는 조용히 회사를 떠났다.

도시의 여피족

"노스페이스는 불행을 겪고 있어요. 동부의 사립초등학교 여학생들이 검정 푸퍼 재킷을 입고 어그 부츠를 신고 있거든요." 뉴멕시코에 거주하는 사이클 선수이자 파타고니아 고객인 맷 랭거(Matt Langer)는 말한다. 그의 친구의 친구는 인스타그램에 플라잉 낚시, 장거리 산악자전거, 사랑스러운 개, 폭포 사진을 올리는데, 파타고니아의 카탈로그에 나오는 삶 그대로다. 파타고니아의 마케팅은 정확히 들어맞았다. 그는 약간 멋쩍게 말했다. "나는 캠프파이어 주변에서 맥주를 마시는 수염 난 백인이죠."

야외 활동에 열성적인 사람들은 스스로를 철저한 개인주의자라 칭하고 변덕스러운 유행에도 동요하지 않기 때문에, 그렇게 정확하게 묘사된다는 것에는 모순이 있다. 내가 2016년 캘리포니아에서 단체 하이킹을 하다가 만난 조쉬 콩투와(Josh Contois)는 그들에게 어떤 고정된 이미지가 있다고 말한다. '후줄근하고 검소하게 살지만 250달러(33만 원)짜리 재킷을 입는다'는 것이다(《아웃사이드(Outside)》 매거진은 한때 쉬나드를 후줄근함의 최고봉이라 불렀다). 랭거와 콩투와 둘 다 쉬나드가 좋아할 만한 방식으로 파타고니아를 입었지만, 실제 장비의 대부분은 틈새 브랜드 제품이었다. 진정한 등반가들은 노스페이스를 맥도날드나 월마트처럼 여긴다. 심지어 파타고니아도 대부분 도시의 여피족(도시에 사는 젊고 세련된 고소득 전문직 종사자)에게 팔린다.

진짜 모험가들은 훨씬 더 비싸고 귀하고 전문적인 장비를 콜로라도주의 볼더(Boulder), 오리건주의 벤드(Bend) 같은 아웃도어 메카에서 동료 등반가들이 운영하는 작은 업체에서 구입한다.

"솔직히 말해 봅시다. 건방지게 굴고 싶지는 않지만,

파타고니아는 레인지로버를 몰고 홀푸드(Whole Foods·유기농 식품을 판매하는 미국의 슈퍼마켓 체인)에 들르는 사람들에게 어필하고 있어요." 유타주에 기반을 둔 블랙 다이아몬드 이큅먼트(Black Diamond Equipment)의 임원 더그 하인리히(Doug Heinrich)는 말한다. 이 회사는 쉬나드가 만든 최초의 등반 장비 회사다. 1980년대 그의 직원에게 팔린 이후 이름이 바뀌었다. "그렇다고 그들이 전문 등반가를 염두에 두지 않는다는 뜻은 아닙니다. 하지만 우리는 파타고니아보다 더 열성적으로 하드코어 등산가들에게 어필하고 있습니다."

스펙트럼의 다른 쪽 끝에는 기술적 정교함과 가격 면에서 파타고니아와 노스페이스를 넘어서려 노력하면서 슈퍼 리치(또는 디자인 페티시스트)에게 호소하는 기업들도 있다. 캐나다의 작은 브랜드인 아크테릭스(Arc'teryx)는 베일런스(Veilance)라는 고급 라인을 만들었는데, '모든 기능을 갖춘 미니멀리스트 스타일'을 지향한다. 마치 프라다가 그 가격대에 맞는 하이테크 아웃도어 제품을 만든 것처럼 보인다. 남극 과학자들이 입는 '극한의 럭셔리 어패럴'을 만드는 캐나다 구스(Canada Goose)는 켄싱턴(Kensington) 파카를 850유로(한화 120만 원)에 판매한다.

이 모든 '최첨단 제품'의 기술적 장점에 대한 상세한 설명에는 부인할 수 없는 매력이 있다. 열 손실을 줄이고 보온성을 높이기 위해 사용된 단열재, 겨드랑이 부분의 통풍 기능, 손목에 달린 주머니, 평생 맨해튼을 떠나지 않겠지만 평생 품질을 보증한다는 알림. 어쨌든 이것이 항상 최신 유행의 기본이었다. 사람들은 그들이 구입한 옷이 아름답게 잘 만들어졌고 평생 지속된다는 이유로 캐시미어 스웨터나 가죽 재킷의 가격을 정당화했다.

최근 샌프란시스코 노스페이스 매장에 들러 1000달러(134만 원)짜리 거위 털 히말라얀 슈트를 구입한 남자 같은 고객에게는 바로 그런 부분이 마음을 움직이게 한다.

광고 카피는 제품을 이렇게 설명한다. "8000미터 봉우리를 오를 수 있는 단열 기능의 전신 슈트인 히말라얀 슈트는 세상의 정상에 도달하려는 운동선수에게 필수품이다." 이 옷은 팔과 다리가 달린 노랗고 검은 침낭처럼 생겼다. 카탈로그에 따르면 암벽 등반가이자 환경 운동가인 콘래드 앵커(Conrad Anker)의 피드백을 반영해 주요 기능을 넣었고, 이 옷을 입은 등반가들이 에베레스트 등정에 성공하면서 성능이 입증되었다. 노스페이스 직원이 고객에게 히말라얀 슈트를 입고 어디에 갈 계획인지 물었다. 고객이 답했다. "아무 데도 안 갑니다." 그는 단지 멋지다는 이유로 구입하려는 것이었다. ☎

시끌북적 사무실

(1)백승민 에디터 : We didn't start the fire~

(2)이현구 선임 에디터 : 상온 초전도체는 꿈이었을까요?

(3)권순문 디자이너 : 술병 조심, 번아웃 조심

(4)권대현 커뮤니티 매니저 : 요즘 구름 보는 재미로 살아요~!

(5)이연대 CEO : 북저널리즘 종이책 100번째가 나왔습니다.

(6)신아람 CCO : 다음 여행은 베를린으로 갈까봐요.

(7)구성우 커뮤니티 매니저 : blessing in disguise

(8)정원진 에디터 : 새로운 취미를 찾고 있어요~

(9)김혜림 에디터 : 알록달록한 띠지 색을 보면 기분이 좋다!

(10)홍성주 커뮤니티 매니저 : 《아메리칸 프로메테우스》를 읽고 있습니다. 응원해 주세요!

커뮤니티 소식

《THREAD》는 북저널리즘 팀이 만드는 종이 뉴스 잡지예요. 북저널리즘 팀은 매달 회현역 4번 출구에 위치한 bkjn shop에서 다양한 커뮤니티 프로그램을 열고 있어요. 강연, 북클럽, 워크숍 등 오프라인 모임을 통해 독자와 저자, 독자와 에디터, 독자와 독자를 연결하고 다른 관점을 공유하는 자리를 만들고 있어요. 이번 호부터 생생한 커뮤니티 프로그램 후기를 소개해 드릴게요.

북저널리즘 에디터 스쿨

북저널리즘 에디터 스쿨 2기가 곧 마무리돼요. 3개월 동안 에디터에게 필요한 역량을 키우기 위해 콘텐츠 기획과 구성, 인터뷰 기법, 북저널리즘 스타일의 글쓰기를 배웠어요. 직접 글을 써보는 실습까지 진행했더니 에디터가 얼마나 힘든 일인지 알게 됐다는 후문이……
3기 소식도 곧 들려드릴게요.

curated by bkjn
지속 가능한 필름 사진 생태계를 만들려면

소비되기보단 가치 있게 기록될 수 있도록 필름 사진 문화를 만드는 필름로그 팀에 반했습니다. 필름 한 롤이라는 한정된 단위를 경험할 때, 필름 사진은 더 재밌고 멋진 경험이 된다는 백경민 대표의 말을 듣고 필름 사진에 도전해 보고 싶은 마음이 들었어요. 곧 떠날 여행에 필름 카메라를 꼭 들고 가야겠어요!

QR 코드를 스캔하면 예매 중인 커뮤니티 프로그램을 확인할 수 있습니다. 오프라인에서 만나고 대화해요!

THREAD